# Saint-John Perse

## Selected Poems

D1561358

# Saint-John Perse

## Selected Poems

Edited by Mary Ann Caws

A NEW DIRECTIONS BOOK

ACKNOWLEDGMENTS
The French texts of *Éloges, Amitié du Prince, Anabase, Exil, Vents, Amers,*
and *Chronique* are from St.-John Perse, *Œuvre Poétique,* published and
copyright © 1960 Éditions Gallimard. The French text of *Oiseaux* © 1963
Éditions Gallimard. The French texts of "Sécheresse" and "Nocturne" ©
1975 Éditions Gallimard. Selections from *Anabasis* translated by T. S. Eliot
are reprinted by permission of Harcourt Brace Jovanovich, Inc.; copyright
1938, 1949 by Harcourt Brace Jovanovich, Inc.; copyright renewed 1966,
1977 by Esme Valerie Eliot. The translations of *Éloges* and *Amitié du Prince*
are a revision of the version published and copyright by W. W. Norton &
Co., New York, 1944.

Manufactured in the United States of America
First published as New Directions Paperbook 547 in 1982

Library of Congress Cataloging in Publication Data
Perse, Saint-John, 1889–1975.
    Selected poems.
    (A New Directions Book)
    English and French.
    I. Caws, Mary Ann.    II. Title.
PQ2623.E386A2    1982        841'.912        82–8305
ISBN 0–8112–0855–9 (pbk.)

New Directions Books are published for James Laughlin
by New Directions Publishing Corporation
80 Eighth Avenue, New York 10011

SECOND PRINTING

# Contents

# THE TRANSLATORS

HUGH CHISHOLM
DENIS DEVLIN
T. S. ELIOT
ROBERT FITZGERALD
WALLACE FOWLIE
RICHARD HOWARD
LOUISE VARÈSE

# PUBLICATION ORDER OF POEMS INCLUDED HERE

*Éloges:* Paris, 1911; revised and corrected, 1925.
*Éloges and Other Poems* (including "Pictures for Crusoe," "Praises," "Friendship of the Prince"): New York, 1944.

*Anabase:* Paris, 1924; revised and corrected 1948.
*Anabasis:* 1930; revised and corrected, 1938, 1949, 1959.

*Exil* (with "Pluies," and "Neiges" included) as *Quatre poèmes, 1941–1944,* Buenos Aires, 1944.
*Exile and Other Poems* (including "Rains" and "Snows"): New York, 1949.

*Vents:* Paris, 1946.
*Winds:* New York, 1953.

*Amers:* Paris, 1957.
*Seamarks:* New York, 1958.

*Chronique:* Marseilles, 1959; Paris, 1960.
*Chronique:* London, 1961; New York, 1961.

*Oiseaux:* Paris, 1962, 1963.
*Birds:* New York, 1963, 1966.

*Sécheresse:* Paris, 1974.
*Drouth:* New York, 1977.

*Nocturne:* Paris, 1972.
*Nocturne:* New York, 1977.

# Saint-John Perse Among Us

"A work which rallies to its moment our most urgent reasons for loving it and admiring it, and then takes its distance, ineluctably, from us."

—*René Char*

André Breton called Saint-John Perse "the man of my epoch the most tirelessly in search of all men"; Maurice Saillet thought him "poet of the world's morning." Of this cosmic perceiver who pushed the art of perception to a fine science, of this solitary man who alleged of himself no singularity, some singular things must be said. Altering his handwriting early in his career, finding it too "peculiar" (peculiarity, as he claimed in an early letter, being a flaw in his eyes), he altered his name also, deliberately separating his original persona (born in 1887 in Guadeloupe as Marie-René Alexis Saint-Leger Leger), from his professional or political persona (Alexis Leger), and also from his poetic role (his signature developing from Saintleger Leger, to St.-J. Perse, finally becoming Saint-John Perse). Although many readers believe that he chose "Perse" for its exotic connotations of Persia (its literal meaning in French), the poet himself maintained that, motivated in large part by its rhythm, he arrived at the name Saint-John Perse by accident.

Many of the poet's works as well exist today partly by accident, published upon the insistence of others. "Anabasis" is said to have been selected at random by a friend from a whole sheaf of work Perse had brought back from China, and some of his manuscripts disappeared during the German occupation. Yet, through it all, the acclaim of the poet is and was great by any standards: translated complete into English and often very well indeed, he was awarded the Grand Prix National des Lettres, the Grand Prix International de Poésie, and made an honorary member of the Modern Language Association, all in 1959, then elected an honorary member of the American Academy and National Institute of Arts and Letters and awarded the Nobel Prize in 1960.

The success of the political man was no less complete. After the family moved to France (to Pau in 1899), he studied law in Bordeaux, and in

1916, travelled as part of the French legation to Peking. As the poet was never to lose interest in the laws of the universe around him, the political being never lost interest in the courts of men. From his meeting with Aristide Briand, the French Minister of Foreign Affairs, in 1921, to the war years, he occupied in turn the posts of Cabinet Director, Ambassador, and Secretary General of the Foreign Office. During this time, determined as he was to separate the two careers, and even the two men, he refused all publication of his poetry in France, permitting only its translation in other countries.

Saint-John Perse wanted his *oeuvre* to be perceived as a "single and long sentence without caesura." Ever conscious of his warning about making too categorical divisions between his various phases, I have tried here to give the essential passages from all the major works. They can be roughly summarized as belonging to three stages corresponding to his life in the various periods. The Antillean stage (1904–1914) includes the poems of nostalgia: "Images for Crusoe," first published in 1909, is full of island images, those of nature and those of the familial figures haunting his earliest years; these also appear in "To Celebrate a Childhood" in 1910. "Éloges," published in 1911, celebrates House, Ark, and the universe beyond. Describing the ceremony of love in this poetry, for the sea and the grass as for the desiccated skeleton and the living one, Archibald MacLeish said that "praise is the supreme poetic act, and Perse alone, among the great poets of his generation, is really capable of it." Perse himself found the title "Éloges" ("Praises") so beautiful that, as he wrote to Gide, he never desired any other; the will to praise prevents the diminishing of the self by habit and provides newness before each element newly seen.

The diplomatic years (1914–1940) include "Anabasis" and "Friendship of the Prince," both published in 1924, both celebrating the spaces of silence and absence, the wandering of epic proportions in Tibet, Iran, China, and Egypt which Alexis Leger undertook and of which Saint-John Perse wrote as a nomad and poet of timelessness. Since his earliest childhood, he said in a letter to his mother, he had been conscious of a need for space: ". . . this space that I have always coveted as the greatest luxury is still my first requirement for any sort of life," and in another letter, "how far and unhampered I would like to drift . . ." Much of his greatest poetry has no exact location or specified moment: cosmic in

scope, it envelops all it can. The presences in his universe—the Foreigner, the Guide, the Hunter, the Prince, the Called-upon, or simply and significantly, the Poet—are ageless, timeless, and faceless. "Anabasis," translated majestically by T. S. Eliot, and partly written in a deserted Taoist temple near Peking, is said by Perse to be "the poem of loneliness in action. Action among men and action of the spirit, upon others as well as upon oneself. I wanted to bring together the synthesis, not passive, but active, of human resourcefulness."

1940–1957, beginning with the poet's wartime flight from France to the U.S. are, in large part, years of exile. In 1941, Archibald MacLeish obtained a position for Perse as Consultant on French Literature at the Library of Congress (paid from private funds, as Perse did not want to accept a salary from a foreign government). The title "Exile" sums up the wandering, harking back and forward, of poet, man, and mankind. In his intense consciousness of the evil and fragmentation specific to the present, "it is enough," he said in 1960, accepting the Nobel Prize, "for the poet to be the guilty conscience of his time."

"Rains" (1943) was composed during a night of downpour in Georgia, at the window of an island house where Perse was staying with friends; it calls for the washing clear and the regeneration of a life and a vision. "Snows" (1944), written in New York and contrasting the purity of the natural element with the cacophany of an industrial civilization, leads to the great sweep of "Winds" (1946), widely considered his most dramatic and depersonalized epic, "a work," according to Paul Claudel, "nourished by space and taking space for its development." This desperate need for space which began early in the poet's life, followed him constantly, and is part, even the most essential part, of being a poet: "And the poet is still with us, amongst the men of his time, inhabited by his malady," he wrote here. But in "Seamarks" (1957), with all its power of great voyage and relentless return, the high tide of his poetry manifests itself. In this volume, said Perse, "I sought to give the completest possible expression in human terms to man's secret attraction, in the very midst of action, to something in himself that goes beyond the temporal order. A reaffirmation of the great human phrase taken up again, at the highest tide of its sea-movement, in an effort to re-integrate man totally on two complementary planes." Against the fragmentation and sickness of our time, then, a hearkening to the sea.

"Chronique" (1959), in the grandeur of his declining years, confronts, as Arthur J. Knodel puts it, "soul and sword-blade," in a struggle set against the red tints of sunset and earth. Perse said that this work was to join earth, man, and time in a timeless eternity: "Great age, behold us. Take the measure of man's heart." "Birds" (1962), produced in collaboration with Georges Braque, celebrates both flight and the words of flight in a ceremonial gesture of poet toward painter, a response of language to the strength of art. Robert Fitzgerald's translations of these two volumes and his correspondence with Perse concerning them are lessons in both the art of translation and the art of poetry.

The poems of the last years, such as "Drouth," "Nocturne," and "Sung by One who was There" all translated into English with "Song for an Equinox," by Richard Howard, maintain the conception of poetry as movement, action, and quest. They wed nobility of purpose, incantatory tone, and spatial freedom to a remarkable intensity of detail.

It is the combination of these qualities that fellow writers and critics hail in Perse's work. As Pierre-Jean Jouve said, the poems are always in the highest possible place"—always at a lofty pitch, situated at a certain distance from us. Yet, paradoxically, Perse sees a close relation between poetic observer and objects observed, particularly in French poetry: "the very function of the poet," he said, "is to integrate himself into the thing, identifying himself with it to the point of becoming that thing and confusing himself with it—living it, miming it, incarnating it, in a word— or taking possession of it, always in a very active way, in its innermost movement and very substance."

In his celebration of places, things, and components of the universe in its multiplicity, the poet sets the messages transmitted by the universe in a new-found clarity, releasing a perpetual, invigorating dynamism in his outlook and that of his readers. The constant, sharp shifts in perception: from the horizon against which the lonely figure of the poet, the called-upon ("L'Appelé"), is profiled, to his horse under a tree filled with turtle-doves, or, elsewhere, to the living holes of its nostrils or the veins of its head; from the yellow sand of an Eastern empire or the white earth and slate soil of another land, to the simplest reading lamp. All these bear witness to man and his "renouement" (literally "reknotting"), picking

up once more with the things of this world, by the voice, judgment and vision of the poet, and, by extension, of us all. "To me, poetry is above all else, movement," says Perse, "in its inception as well as in its development and final elaboration." To keep poetry on the move is to manifest a "parole de vivant," the word and promise of the poet while he lives and as his work continues.

To this love of motion is joined a passion for meaning; as Claudel says, Perse's work joins to its modern "obsession with text," with the actual word on the page, an obsession with sign and intersign, with "the indecipherable cipher, of the thing which means." The profusion of images, lofty and lowly, is caught and tightly held in the very fiber of the text as we read it. "One must, in all things, abhor abstraction," said Perse. Thus although the poem concerns the work of the poet as ennobling all at hand and beyond, it is never just about poetry itself.

Perse's work might be likened to the Pindaric ode in its praise and majestic range, or to the classical style from Tacitus to Racine, to the vision of poets as dissimilar as Rimbaud and Mallarmé, or the Claudelian verset with its line length determined by breathing patterns. However, no page of Perse's poetry could be even remotely confused with a page of any other poet's. His style has recognizable qualities, categorized by Roger Caillois: against a background of repeated epithets for emphasis and continuity, stand the magnificence of certain nouns and the subtlety of "words said in profile," accompanied by a gray and unnoticeable series of adjectives; sentences frequently inverted, beginning with the verb, the delay of the essential term; the singular form of nouns which would usually be given in the plural, and the repetition of similar sounds with a diversity of meanings. All these combine to make a poem at once condensed and multiple, lending a strangeness to the style, rich, ageless, and supremely sure.

Starting in 1957, Perse returned to France for six months of every year, and in 1967, he settled there permanently. In 1975, after establishing a Saint-John Perse Foundation in the Town Hall of Aix-en-Provence, he died at Les Vigneaux, his house on the peninsula of Giens. The poet, in his words, is "concerned with man in the plenitude of his being"; one is a poet in order to live "better and further." His quite singular relation to

the cosmic and the tragic, to possible messages and certain mystery, conveys at once a sense of lasting exile and lasting return:

> I have built upon the abyss and the spindrift
> and the sand-smoke. I shall lie down in cistern
> and hollow vessel,
>     In all stale and empty places where lies the
> taste of greatness.
>     . . . I learn a science from the soul's
> aggressions.

MARY ANN CAWS

For their invaluable help, I would like to thank Peter Caws, Elizabeth Harper, Arthur J. Knodel, Madame Leger, Roger Little, William McGuire, and the Fondation Saint-John Perse.

Saint-John Perse
Selected Poems

# Images à Crusoé

## LES CLOCHES

Vieil homme aux mains nues,
  remis entre les hommes, Crusoé!
  tu pleurais, j'imagine, quand des tours de l'Abbaye, comme un flux, s'épanchait le sanglot des cloches sur la Ville . . .
  Ô Dépouillé!
  Tu pleurais de songer aux brisants sous la lune; aux sifflements de rives plus lointaines; aux musiques étranges qui naissent et s'assourdissent sous l'aile close de la nuit,
  pareilles aux cercles enchaînés que sont les ondes d'une conque, à l'amplification de clameurs sous la mer. . . .

## LE PARASOL DE CHÈVRE

Il est dans l'odeur grise de poussière, dans la soupente du grenier. Il est sous une table à trois pieds; c'est entre la caisse où il y a du sable pour la chatte et le fût décerclé où s'entasse la plume.

## L'ARC

Devant les sifflements de l'âtre, transi sous ta houppelande à fleurs, tu regardes onduler les nageoires douces de la flamme.—Mais un craquement fissure l'ombre chantante: c'est ton arc, à son clou, qui éclate. Et il s'ouvre tout au long de sa fibre secrète, comme la gousse morte aux mains de l'arbre guerrier.

## LA GRAINE

Dans un pot tu l'as enfouie, la graine pourpre demeurée à ton habit de chèvre.
  Elle n'a point germé.

# Pictures for Crusoe

### THE BELLS

Old man with naked hands,

 cast up among men again, Crusoe!

 you wept, I imagine, when from the Abbey towers, like a tide, the sob of the bells poured over the City. . . .

 O Despoiled!

 You wept to remember the surf in the moonlight; the whistlings of the more distant shores; the strange music that is born and is muffled under the folded wing of the night,

 like the linked circles that are the waves of a conch, or the amplifications of the clamors under the sea. . . .

### THE GOATSKIN PARASOL

It is there in the gray odor of dust under the eaves of the attic. It is beneath the three-legged table; it is between the box of sand for the cat and the unhooped barrel piled with feathers.

### THE BOW

Before the hissings of the hearth, numb beneath your flowered wrapper, you watch the soft undulating fins of the flames.—But a snapping fissures the singing darkness: it is your bow, on its nail, that has burst. And it splits along the whole length of its secret fiber, like the dead pod in the hands of the warrior tree.

### THE SEED

You buried it in a flowerpot, the purple seed that had stuck to your goatskin jacket.

 It has not sprouted.

LE LIVRE

Et quelle plainte alors sur la bouche de l'âtre, un soir de longues pluies en marche vers la ville, remuait dans ton cœur l'obscure naissance du langage:

«. . . D'un exil lumineux—et plus lointain déjà que l'orage qui roule—comment garder les voies, ô mon Seigneur! que vous m'aviez livrées?

«. . . Ne me laisserez-vous que cette confusion du soir—après que vous m'ayez, un si long jour, nourri du sel de votre solitude,

«témoin de vos silences, de votre ombre et de vos grands éclats de voix?»

—Ainsi tu te plaignais, dans la confusion du soir.

Mais sous l'obscure croisée, devant le pan de mur d'en face, lorsque tu n'avais pu ressusciter l'éblouissement perdu,

alors, ouvrant le Livre,

tu promenais un doigt usé entre les prophéties, puis le regard fixé au large, tu attendais l'instant du départ, le lever du grand vent qui te descellerait d'un coup, comme un typhon, divisant les nuées devant l'attente de tes yeux.

# THE BOOK

And then what a wail in the mouth of the hearth, a night of long rains on their march toward the city, stirred in your heart the obscure birth of speech:

". . . Of a luminous exile—and more distant already than the storm that is rolling—how can I, O Lord, keep the ways that you opened?

". . . Will you leave me only this confusion of evening—having, for so long a day, nourished me on the salt of your solitude,

"witness of your silences, of your shadow, and of the great blasts of your voice?"

—Thus you lamented in the confusion of evening.

But sitting by the window opposite the stretch of wall across the way, having failed to resuscitate the lost splendor,

you would open the Book,

and letting your worn finger wander among the prophecies, your gaze far away, you awaited the moment of departure, the rising of the great wind that would suddenly tear you away, like the typhoon, parting the clouds before your waiting eyes.

LOUISE VARÈSE

# Pour Fêter une Enfance

*"King Light's Settlements"*

## 1

Palmes . . . !

Alors on te baignait dans l'eau-de-feuilles-vertes; et l'eau encore était du soleil vert; et les servantes de ta mère, grandes filles luisantes, remuaient leurs jambes chaudes près de toi qui tremblais. . . .

(Je parle d'une haute condition, alors, entre les robes, au règne de tournantes clartés.)

Palmes! et la douceur
d'une vieillesse des racines . . . ! La terre
alors souhaita d'être plus sourde, et le ciel plus profond où des arbres trop grands, las d'un obscur dessein, nouaient un pacte inextricable. . . .

(J'ai fait ce songe, dans l'estime: un sûr séjour entre les toiles enthousiastes.)

Et les hautes
racines courbes célébraient
l'en allée des voies prodigieuses, l'invention des voûtes et des nefs
et la lumière alors, en de plus purs exploits féconde, inaugurait le blanc royaume où j'ai mené peut-être un corps sans ombre . . .

(Je parle d'une haute condition, jadis, entre des hommes et leurs filles, et qui mâchaient de telle feuille.)

Alors, les hommes avaient
une bouche plus grave, les femmes avaient des bras plus lents;
alors, de se nourrir comme nous de racines, de grandes bêtes taciturnes s'ennoblissaient;
et plus longues sur plus d'ombre se levaient les paupières. . . .

(J'ai fait ce songe, il nous a consumés sans reliques.)

# To Celebrate a Childhood

## 1

Palms . . . !
In those days they bathed you in water-of-green-leaves; and the water
was of green sun too; and your mother's maids, tall glistening girls,
moved their warm legs near you who trembled. . . .
(I speak of a high condition, in those days, among the dresses, in the
dominion of revolving lights.)

Palms! and the sweetness
of an aging of roots . . . ! The earth
in those days longed to be deafer, and deeper the sky where trees too
tall, weary of an obscure design, knotted an inextricable pact. . . .
(I dreamed this dream, in esteem: a safe sojourn among the enthusi-
astic linens.)

And the high
curved roots celebrated
the departure of prodigious roads, the invention of vaultings and of
naves
and the light in those days, fecund in purer feats, inaugurated the
white kingdom where I led, perhaps, a body without a shadow. . . .
(I speak of a high condition of old, among men and their daughters,
who chewed a certain leaf.)

In those days, men's mouths
were more grave, women's arms moved more slowly;
in those days, feeding like us on roots, great silent beasts were en-
nobled;
and longer over darker shadow eyelids were lifted. . . .
(I dreamed this dream, it has consumed us without relics.)

**4**

Et tout n'était que règnes et confins de lueurs. Et les troupeaux montaient, les vaches sentaient le sirop-de-batterie. . . . Croissent mes membres

et pèsent, nourris d'âge! Je me souviens des pleurs
d'un jour trop beau dans trop d'effroi, dans trop d'effroi! . . . du ciel blanc, ô silence! qui flamba comme un regard de fièvre. . . . Je pleure, comme je
pleure, au creux de vieilles douces mains. . . .

Oh! c'est un pur sanglot, qui ne veut être secouru, oh! ce n'est que cela, et qui déjà berce mon front comme une grosse étoile du matin.

. . . Que ta mère était belle, était pâle
lorsque si grande et lasse, à se pencher,
elle assurait ton lourd chapeau de paille ou de soleil, coiffé d'une double feuille de siguine,
et que, perçant un rêve aux ombres dévoué, l'éclat des mousselines inondait ton sommeil!

. . . Ma bonne était métisse et sentait le ricin; toujours j'ai vu qu'il y avait les perles d'une sueur brillante sur son front, à l'entour de ses yeux—et si tiède, sa bouche avait le goût des pommes-rose, dans la rivière, avant midi.

. . . Mais de l'aïeule jaunissante
et qui si bien savait soigner la piqûre des moustiques,
je dirai qu'on est belle, quand on a des bas blancs, et que s'en vient, par la persienne, la sage fleur de feu vers vos longues paupières
d'ivoire.

. . . Et je n'ai pas connu toutes Leurs voix, et je n'ai pas connu toutes les femmes, tous les hommes qui servaient dans la haute demeure
de bois; mais pour longtemps encore j'ai mémoire
des faces insonores, couleur de papaye et d'ennui, qui s'arrêtaient derrière nos chaises comme des astres morts.

# 4

And everything was glimmering realms and frontiers of lights. And
herds climbed, the cows smelled of cane syrup. . . . My limbs grow
and wax heavy, nourished with age! I remember the tears
on a day too beautiful in too much fright, in too much fright! . . .
and the white sky, O silence! which flamed like a fevered gaze. . . .
I weep, how I
weep in the hollow of old gentle hands. . . .

Oh! it is a pure sob that will not be comforted, oh, it is only that,
already rocking my forehead like a big morning star.

. . . How beautiful your mother was, how pale,
when so tall and so languid, stooping,
she straightened your heavy hat of straw or of sun, lined with a
double seguine leaf,
and when, piercing a dream to shadows consecrated, the dazzle of
muslin
inundated your sleep!

. . . My nurse was a mestizo and smelled of the castorbean; always
I noticed there were pearls of glistening sweat on her forehead, and
around her eyes—and so warm, her mouth had the taste of rose-apples,
in the river, before noon.

. . . But of my yellowing grandmother
who knew so well what to do for mosquito bites,
I say that one is beautiful when one is wearing white stockings, and
when there comes through the shutters the wise flower of fire towards
your long eyelids
of ivory.

. . . And I never knew all Their voices, and I never knew all the
women and all the men who served in our high
wooden house; but I shall still long remember
mute faces, the color of papayas and of boredom, that paused like
burnt-out stars behind our chairs.

. . . Ô! j'ai lieu de louer!
Mon front sous des mains jaunes,
mon front, te souvient-il des nocturnes sueurs?
du minuit vain de fièvre et d'un goût de citerne?
et des fleurs d'aube bleue à danser sur les criques du matin
et de l'heure midi plus sonore qu'un moustique, et des flèches lancées
par la mer de couleurs . . . ?

Ô j'ai lieu! ô j'ai lieu de louer!
Il y avait à quai de hauts navires à musique. Il y avait des promon-
toires de campêche; des fruits de bois qui éclataient. . . . Mais qu'à-t-on
fait des hauts navires à musique qu'il y avait à quai?

Palmes . . . ! Alors
une mer plus crédule et hantée d'invisibles départs,
étagée comme un ciel au-dessus des vergers,
se gorgeait de fruits d'or, de poissons violets et d'oiseaux.
Alors, des parfums plus affables, frayant aux cimes les plus fastes,
ébruitaient ce souffle d'un autre âge,
et par le seul artifice du cannelier au jardin de mon père—ô feintes!
glorieux d'écailles et d'armures un monde trouble délirait.

( . . . Ô j'ai lieu de louer! Ô fable généreuse, ô table d'abondance! )

. . . O! I have cause to praise!
My forehead under yellow hands,
my forehead, do you remember the night sweats?
midnight unreal with fever and with a taste of cisterns?
and the flowers of blue dawn dancing on the bays of morning
and the hour of noon more sonorous than a mosquito, and arrows
shot out by the sea of colors . . . ?

O I have cause! O I have cause to praise!
There were high musical ships at the quay. There were headlands of
logwood trees; and wooden fruits that burst. . . . But what has become
of the high musical ships that were moored at the quay?

Palms . . . ! In those days
a more credulous sea and haunted by invisible departures,
tiered like a sky above orchards,
was gorged with gold fruit, violet fishes, and birds.
In those days more affable perfumes, grazing the most festal crests,
betrayed that breath of another age,
and by the sole artifice of the cinnamon tree in my father's garden—
O wiles!—
glorious with scales and armor a vague world ran riot.

(. . . O I have cause to praise! O bountiful fable, O table of abun-
dance! )

LOUISE VARÈSE

# Éloges

1

Les viandes grillent en plein vent, les sauces se composent
    et la fumée remonte les chemins à vif et rejoint qui marchait.
    Alors le Songeur aux joues sales
    se tire
    d'un vieux songe tout rayé de violences, de ruses et d'éclats,
    et orné de sueurs, vers l'odeur de la viande
    il descend
    comme une femme qui traîne: ses toiles, tout son linge et ses cheveux
défaits.

2

J'ai aimé un cheval—qui était-ce?—il m'a bien regardé de face, sous ses
mèches.
    Les trous vivants de ses narines étaient deux choses belles à voir—
avec ce trou vivant qui gonfle au-dessus de chaque œil.
    Quand il avait couru, il suait: c'est briller!—et j'ai pressé des lunes à
ses flancs sous mes genoux d'enfant. . . .
    J'ai aimé un cheval—qui était-ce?—et parfois (car une bête sait
mieux quelles forces nous vantent)
    il levait à ses dieux une tête d'airain: soufflante, sillonnée d'un pétiole
de veines.

3

Les rythmes de l'orgueil descendent les mornes rouges.
    Les tortues roulent aux détroits comme des astres bruns.
    Des rades font un songe plein de têtes d'enfants. . . .

    Sois un homme aux yeux calmes qui rit,
    silencieux qui rit sous l'aile calme du sourcil, perfection du vol (et du
bord immobile du cil il fait retour aux choses qu'il a vues, empruntant

# Praises

### 1

Meats broil in the open air, sauces are brewing
    and the smoke goes up the raw paths and overtakes someone walking.
    Then the Dreamer with dirty cheeks
    comes slowly out of
    an old dream all streaked with violence, wiles, and flashes of light,
    and jewelled in sweat, towards the odor of meat
    he descends
    like a woman trailing: her linen, all her clothes, and her hanging hair.

### 2

I loved a horse—who was he?—he looked me straight in the face, under
his forelock.

    The quivering holes of his nostrils were two beautiful things to see—
with that quivering hole that swells over each eye.

    When he had run, he sweated: which means to shine!—and under my
child's knees I pressed moons on his flanks. . . .

    I loved a horse—who was he?—and sometimes (for animals know
better the forces that praise us)

    Snorting, he would lift to his gods a head of bronze, covered with a
petiole of veins.

### 3

Rhythms of pride flow down the red mornes.
    Turtles roll in the narrows like brown stars.
    Roadsteads dream dreams full of children's heads. . . .

Be a man with calm eyes who laughs,
    who silently laughs under the calm wing of his eyebrow, perfection of
flight (and from the immobile rim of the lashes he turns back to the

les chemins de la mer frauduleuse . . . et du bord immobile du cil
il nous a fait plus d'une promesse d'îles,
comme celui qui dit à un plus jeune: «Tu verras!»
Et c'est lui qui s'entend avec le maître du navire.)


## 5

. . . Or ces eaux calmes sont de lait
et tout ce qui s'épanche aux solitudes molles du matin.

Le pont lavé, avant le jour, d'une eau pareille en songe au mélange de
l'aube, fait une belle relation du ciel. Et l'enfance adorable du jour, par
la treille des tentes roulées, descend à même ma chanson.

Enfance, mon amour, n'était-ce que cela? . . .

Enfance, mon amour . . . ce double anneau de l'œil et l'aisance
d'aimer . . .
Il fait si calme et puis si tiède,
il fait si continuel aussi,
qu'il est étrange d'être là, mêlé des mains à la facilité du jour. . . .

Enfance mon amour! il n'est que de céder . . . Et l'ai-je dit, alors?
je ne veux plus même de ces linges
à remuer là, dans l'incurable, aux solitudes vertes du matin . . . Et
l'ai-je dit, alors? il ne faut que servir
comme de vieille corde. . . . Et ce cœur, et ce cœur, là! qu'il traîne
sur les ponts, plus humble et plus sauvage et plus, qu'un vieux faubert,
exténué. . . .


## 6

Et d'autres montent, à leur tour, sur le pont
et moi je prie, encore, qu'on ne tende la toile . . . mais pour cette
lanterne, vous pouvez bien l'éteindre. . . .
Enfance, mon amour! c'est le matin, ce sont

things he has seen, borrowing the paths of the fraudulent sea . . . and from the immobile rim of the lashes
more than one promise has he made us of islands,
as one who says to someone younger: "You will see!"
And it is he who treats with the master of the ship).


## 5

. . . Now these calm waters are made of milk
and everything that overflows in the soft solitudes of morning.

The deck, washed before daybreak with a water like the mixture of dawn in a dream, gives a splendid account of the sky. And the adorable childhood of day, through the trellis of furled canvas, descends along my song.

Childhood, my love, was it only that? . . .

Childhood, my love . . . that double ring of the eye and the ease of loving . . .
It is so calm and then so warm,
so continuous too,
that it is strange to be there, hands plunged in the facility of day. . . .

Childhood, my love! nothing to do but to yield . . . And I did say, then? I don't even want those linens now
to stir, in the incurable, there in the green solitudes of the morning . . . And did I say, then? one has only to serve
like an old rope. . . . And that heart, and that heart, there! let it drag on the decks, more humble and untamed and more, than an old swab, exhausted. . . .


## 6

And others come up on the deck in their turn
and again I beg them not to set the tent . . . but as for that lantern, you might as well put it out. . . .
Childhood, my love! it is morning, it is

des choses douces qui supplient, comme la haine de chanter,

douces comme la honte, qui tremble sur les lèvres, des choses dites de profil,

ô douces, et qui supplient, comme la voix la plus douce du mâle s'il consent à plier son âme rauque vers qui plie. . . .

Et à présent je vous le demande, n'est-ce pas le matin . . . une aisance du souffle

et l'enfance agressive du jour, douce comme le chant qui étire les yeux?

## 10

Pour débarquer des bœufs et des mulets,

on donne à l'eau, par-dessus bord, ces dieux coulés en or et frottés de résine.

L'eau les vante! jaillit!

et nous les attendons à quai, avec des lattes élevées en guise de flambeaux; et nous tenons les yeux fixés sur l'étoile de ces fronts—étant là tout un peuple dénué, vêtu de son luisant, et sobre.

## 11

Comme des lames de fond

on tire aux magasins de grandes feuilles souples de métal: arides, frémissantes et qui versent, capté, tout un versant du ciel.

Pour voir, se mettre à l'ombre. Sinon, rien.

La ville est jaune de rancune. Le Soleil précipite dans les darses une querelle de tonnerres. Un vaisseau de fritures coule au bout de la rue

raboteuse, qui de l'autre, bombant, s'apprivoise parmi la poudre des tombeaux.

(Car c'est le Cimetière, là, qui règne si haut, à flanc de pierre ponce: foré de chambres, planté d'arbres qui sont comme des dos de casoars.)

## 13

La tête de poisson ricane

entre les pis du chat crevé qui gonfle—vert ou mauve?—Le poil, couleur d'écaille, est misérable, colle,

gentle things that implore, like the hatred of singing,

gentle as the shame that trembles on the lips of things said in profile,

O gentle, and imploring, like the voice of the male at its gentlest when willing to bend his harsh soul towards someone who bends. . . .

And now I am asking you, isn't it morning . . . a freedom of breath

and the aggressive childhood of day, gentle as the song that half closes the eyes?

## 10

To land oxen and mules,

those gods cast in gold and polished with resin are given overboard to the water.

The water lauds them! leaps up!

and we wait for them on the quay, with lifted rods instead of torches; and we keep our eyes fixed on the star on their foreheads—a whole destitute people dressed in its shine, and sober.

## 11

Like ground-swells

great undulating sheets of metal are dragged to the warehouses: dry, shivering, and spilling a whole slope of captured sky.

To see, go into the shade. Otherwise, nothing.

The city is yellow with rancor. The Sun in the roadsteads precipitates a quarrel of thunder. A boat with fish frying sinks at one end of the rough

street, which, at the other, arching, is tamed in the dust of the tombs.

(For it is the Cemetery that reigns so high, up there, with its pumice-stone flank: riddled with chambers, planted with trees that look like cassowaries' backs.)

## 13

The fish-head sneers

in the midst of the dugs of the dead cat that is beginning to swell— green or mauve?—Its fur, the color of tortoise-shell, is miserable and sticky,

comme la mèche que suce une très vieille petite fille osseuse, aux mains blanches de lèpre.

La chienne rose traîne, à la barbe du pauvre, toute une viande de mamelles. Et la marchande de bonbons

se bat

contre les guêpes dont le vol est pareil aux morsures du jour sur le dos de la mer. Un enfant voit cela,

si beau

qu'il ne peut plus fermer ses doigts . . . Mais le coco que l'on a bu et lancé là, tête aveugle qui clame affranchie de l'épaule,

détourne du dalot

la splendeur des eaux pourpres lamées de graisses et d'urines, où trame le savon comme de la toile d'araignée.

Sur la chaussée de cornaline, une fille vêtue comme un roi de Lydie.

## 15

Enfance, mon amour, j'ai bien aimé le soir aussi: c'est l'heure de sortir.

Nos bonnes sont entrées aux corolles des robes . . . et collés aux persiennes, sous nos tresses glacées, nous avons

vu comme lisses, comme nues, elles élèvent à bout de bras l'anneau mou de la robe.

Nos mères vont descendre, parfumées avec l'herbe-à-Madame-Lalie. . . . Leurs cous sont beaux. Va devant et annonce: Ma mère est la plus belle!—J'entends déjà

les toiles empesées

qui traînent par les chambres un doux bruit de tonnerre . . . Et la Maison! la Maison? . . . on en sort!

Le vieillard même m'envierait une paire de crécelles

et de bruire par les mains comme une liane à pois, la guilandine ou le mucune.

Ceux qui sont vieux dans le pays tirent une chaise sur la cour, boivent des punchs couleur de pus.

like the lock of hair that a very old little girl, bony and with leper-white hands, is sucking.

The pink bitch drags, under the beggar's nose, a whole banquet of drugs. And the candy-girl

battles

the wasps whose flight is like the bites of sunlight on the back of the sea. A child sees it all,

so beautiful

that he can no longer close his fingers. . . . But the coconut that's been drained and tossed there, blind clamoring head set free from the shoulder,

diverts from the gutter

the metallic splendor of the purple waters mottled with grease and urine, where soap weaves a spider's web.

On the cornelian quay, a girl dressed like a Lydian king.


## 15

Childhood, my love, I loved evening too: it is the hour for going out.

Our nurses have gone into the corolla of their dresses . . . and glued to the blinds, under our clammy hair, we have

seen as smooth, as bare, they lifted at arm's length the soft ring of the dresses.

Our mothers will be coming down, perfumed with *l'herbe-à-Madame-Lalie.* . . . Their necks are beautiful. Run ahead and announce: My mother is the most beautiful!—Already I can hear

the starched petticoats

trailing through the rooms a soft noise of thunder. . . . And the House! the House? . . . we go out of it!

Even the old man would envy me a pair of rattles and

being able to make a noise with my hands like a wild pea vine, the guilandina or the mucuna.


Those who are old in the country drag a chair to the courtyard, drink punches the color of pus.

A présent laissez-moi, je vais seul.

Je sortirai, car j'ai affaire: un insecte m'attend pour traiter. Je me fais joie

du gros œil à facettes: anguleux, imprévu, comme le fruit du cyprès.

Ou bien j'ai une alliance avec les pierres veinées-bleu: et vous me laissez également,

assis, dans l'amitié de mes genoux.

And now let me be, I go alone.

I shall go out, for I have things to do: an insect is waiting to treat with me. I delight in

his big, faceted eye: angular, unexpected, like the fruit of the cypress.

Or else I have an alliance with the blue-veined stones: and also you'll let me be,

sitting, in the friendship of my knees.

LOUISE VARÈSE

# Amitié du Prince

## 1

.    .    .

—*C'est du Roi que je parle, ornement de nos veilles, honneur du sage sans honneur.*

## 2

Ainsi parlant et discourant, ils établissent son renom. Et d'autres voix s'élèvent sur son compte:

«. . . Homme très simple parmi nous; le plus secret dans ses desseins; dur à soi-même, et se taisant, et ne concluant point de paix avec soi-même, mais pressant,

«errant aux salles de chaux vive, et fomentant au plus haut point de l'âme une grande querelle. . . . À l'aube s'apaisant, et sobre, saisissant aux naseaux une invisible bête frémissante . . . Bientôt peut-être, les mains libres, s'avançant dans le jour au parfum de viscères, et nourrissant ses pensées claires au petit-lait du jour . . .

«À midi, dépouillant, aux bouches des citernes, sa fièvre aux mains de filles fraîches comme des cruches . . . Et ce soir cheminant en lieux vastes et nus, et chantant à la nuit ses plus beaux chants de Prince pour nos chauves-souris nourries de figues pures . . .»

Ainsi parlant et discourant . . . Et d'autres voix s'élèvent sur son compte:

«. . . Bouche close à jamais sur la feuille de l'âme! . . . On dit que maigre, désertant l'abondance sur la couche royale, et sur des nattes maigres fréquentant nos filles les plus minces, il vit loin des déportements de la Reine démente (Reine hantée de passions comme d'un flux du ventre); et parfois ramenant un pan d'étoffe sur sa face, il interroge ses pensées claires et prudentes, ainsi qu'un peuple de lettrés à la lisière des pourritures monstrueuses. . . . D'autres l'ont vu dans la lumière, attentif à son souffle, comme un homme qui épie une guêpe terrière; ou bien assis dans l'ombre mimosée, comme celui qui dit, à la mi-lune: «Qu'on m'apporte—je veille et je n'ai point sommeil—qu'on m'apporte

# Friendship of the Prince

## 1

.   .   .

*—It is of the King that I speak, ornament of our vigils, honor of the sage without honor.*

## 2

Speaking thus and discoursing, they establish his fame. And other voices are raised concerning him:

". . . A man most simple among us: the most secret in his designs; stern with himself, and keeping his own counsel and making no peace with himself, but pressing forward,

"wandering in the halls of quicklime, and at the highest point of his soul fomenting a mighty quarrel. . . . Quieted in the dawn, and sober, seizing by its nostrils an invisible quivering beast. . . . Soon, perhaps, going on empty-handed through the day that has the odor of entrails, and feeding his clear thoughts on the whey of the morning. . . .

"At noon before the mouths of the cisterns casting off his fever in the hands of girls fresh as water-jars . . . And this evening roaming through vast, naked places, and singing to the night his most beautiful Princely songs for our bats nourished on pure figs . . ."

Speaking thus and discoursing . . . And other voices are raised concerning him:

". . . Mouth forever closed over the leaf of the soul! . . . It is said that lean, deserting abundance on the royal couch, and on meagre mats frequenting our thinnest girls he lives far from the excesses of the demented Queen (Queen haunted by passions as by a flux of the womb); and at times drawing a fold of cloth over his face, he questions his clear, prudent thoughts, like a company of learned men on the edge of monstrous putrefactions. . . . Others have seen him in the light, hardly breathing, like a man watching for a digger-wasp, or else seated in the mimosa shade, like someone who says at the half moon: 'Let them bring me—I am wakeful and cannot sleep—let them bring me that book of

ce livre des plus vieilles Chroniques . . . Sinon l'histoire, j'aime l'odeur de ces grands Livres en peau de chèvre ( et je n'ai point sommeil).»

«. . . Tel sous le signe de son front, les cils hantés d'ombrages immortels et la barbe poudrée d'un pollen de sagesse, Prince flairé d'abeilles sur sa chaise d'un bois violet très odorant, il veille. Et c'est là sa fonction. Et il n'en a point d'autre parmi nous.»

Ainsi parlant et discourant, ils font le siège de son nom. Et moi, j'ai rassemblé mes mules, et je m'engage dans un pays de terres pourpres, son domaine. J'ai des présents pour lui et plus d'un mot silencieux.

✧

—*C'est du Roi que je parle, ornement de nos veilles, honneur du sage sans honneur.*

4

. . . Assis à l'ombre sur son seuil, dans les clameurs d'insectes très arides. (Et qui demanderait qu'on fasse taire cette louange sous les feuilles?) Non point stérile sur son seuil, mais plutôt fleurissant en bons mots, et sachant rire d'un bon mot,

assis, de bon conseil aux jeux de seuil, grattant sagesse et bonhomie sous le mouchoir de tête (et son tour vient de secouer le dé, l'osselet ou les billes):

tel sur son seuil je l'ai surpris, à la tombée du jour, entre les hauts crachoirs de cuivre.

Et le voici qui s'est levé! Et debout, lourd d'ancêtres et nourrisson de Reines, se couvrant tout entier d'or à ma venue, et descendant vraiment une marche, deux marches, peut-être plus, disant: «Ô Voyageur . . .», ne l'ai-je point vu se mettre en marche à ma rencontre? . . . Et par-dessus la foule des lettrés, l'aigrette d'un sourire me guide jusqu'à lui.

Pendant ce temps les femmes ont ramassé les instruments du jeu, l'osselet ou le dé: «Demain nous causerons des choses qui t'amènent . . .»

Puis les hommes du convoi arrivent à leur tour; sont logés, et lavés; livrés aux femmes pour la nuit: «Qu'on prenne soin des bêtes déliées. . . .»

Et la nuit vient avant que nous n'ayons coutume de ces lieux. Les bêtes meuglent parmi nous. De très grandes places à nos portes sont

ancient Chronicles. . . . If not the story, I love the smell of those great Books bound in goatskin (and I am wakeful).'

". . . Thus under the sign of his forehead, lashes haunted by immortal shade and beard powdered with a pollen of wisdom, Prince flaired by the bees on his chair of strong-scented violet wood, he keeps vigil. And that is his function. And he has no other among us."

Speaking thus and discoursing, they lay siege to his name. As for me, I have assembled my mules, and I set out through a country of red earth, his domain. For him I have gifts and more than one silent word.

✧

*—It is of the King that I speak, ornament of our vigils, honor of the sage without honor.*

## 4

. . . Seated in the shade on his threshold, in the clamor of very dry insects. (And who would ask to have silenced this praise under the leaves?) Not sterile, but flowering rather in jests and ready to laugh at a jest, there on his threshold,

seated, of good counsel in the games of the threshold, scratching wisdom and geniality under his bandanna (and his turn comes to shake the dice, the bones, or the marbles):

thus on his threshold I surprised him, at the end of the day, between the high copper spittoons.

And now he has risen! And standing, heavy with ancestors and nursling of Queens, all covered with gold for my coming, and really descending one step, two steps, perhaps more, saying: "O Traveller . . ." did I not see him starting forward to meet me? . . . And above the throng of learned men, the aigrette of a smile guides me to him.

Meanwhile the women have taken away all the games, the bones or the dice: "Tomorrow we shall speak of the things that have brought you . . ."

Then the men of the convoy arrive in their turn; are lodged and are bathed; given over to the women for the night: "Have the unharnessed animals cared for. . . ."

And the night comes before we are used to these places. The animals bellow among us. At our doors vast spaces are crossed by a long path.

traversées d'un long sentier. Des pistes de fraîcheur s'ouvrent leur route jusqu'à nous. Et il se fait un mouvement à la cime de l'herbe. Les abeilles quittent les cavernes à la recherche des plus hauts arbres dans la lumière. Nos fronts sont mis à découvert, les femmes ont relevé leur chevelure sur leur tête. Et les voix portent dans le soir. Tous les chemins silencieux du monde sont ouverts. Nous avons écrasé de ces plantes à huile. Le fleuve est plein de bulles, et le soir est plein d'ailes, le ciel couleur d'une racine rose d'ipomée. Et il n'est plus question d'agir ni de compter, mais la faiblesse gagne les membres du plus fort; et d'heure plus vaste que cette heure, nous n'en connûmes point. . . .

Au loin sont les pays de terres blanches, ou bien d'ardoises. Les hommes de basse civilisation errent dans les montagnes. Et le pays est gouverné. . . . La lampe brille sous Son toit.

—*C'est du Roi que je parle, ornement de nos veilles, honneur du sage sans honneur.*

Tracks of coolness open up their way to us. And there is a movement at the top of the grass. The bees leave the caverns to look for the tallest trees in the light. Our foreheads have been uncovered, the women have gathered up their hair on the top of their heads. And the voices carry far in the evening. All the silent paths of the world are open. We have crushed some of those oily plants. The river is full of bubbles, and the evening is full of wings, the sky is the color of an ipomoea's pink root. And there is no more question of doing or counting, but weakness gains the limbs of the strongest: and an hour more vast than this hour we never have known. . . .

Far away are the lands of white earth, or of slate. Men of low civilization wander in the mountains. And the country is governed. . . . The lamp shines under His roof.

—*It is of the King that I speak, ornament of our vigils, honor of the sage without honor.*

LOUISE VARÈSE

# Anabase

## CHANSON

Il naissait un poulain sous feuilles de bronze. Un homme mit des baies amères dans nos mains. Étranger. Qui passait. Et voici qu'il est bruit d'autres provinces à mon gré. . . . "Je vous salue, ma fille, sous le plus grand des arbres de l'année."

✧

Car le Soleil entre au Lion et l'Étranger a mis son doigt dans la bouche des morts. Étranger. Qui riait. Et nous parle d'une herbe. Ah! tant de souffles aux provinces! Qu'il est d'aisance dans nos voies! que la trompette m'est délice et la plume savante au scandale de l'aile! . . . "Mon âme, grande fille, vous aviez vos façons qui ne sont pas les nôtres."

✧

Il naquit un poulain sous les feuilles de bronze. Un homme mit ces baies amères dans nos mains. Étranger. Qui passait. Et voici d'un grand bruit dans un arbre de bronze. Bitume et roses, don du chant! Tonnerre et flûtes dans les chambres! Ah! tant d'aisance dans nos voies, ha! tant d'histoires à l'année, et l'Étranger à ses façons par les chemins de toute la terre! . . . "Je vous salue, ma fille, sous la plus belle robe de l'année."

## I

Sur trois grandes saisons m'établissant avec honneur, j'augure bien du sol où j'ai fondé ma loi.

Les armes au matin sont belles et la mer. À nos chevaux livrée la terre sans amandes

nous vaut ce ciel incorruptible. Et le soleil n'est point nommé, mais sa puissance est parmi nous

et la mer au matin comme une présomption de l'esprit.

Puissance, tu chantais sur nos routes nocturnes! . . . Aux ides pures du matin que savons-nous du songe, notre aînesse?

Pour une année encore parmi vous! Maître du grain, maître du sel, et la chose publique sur de justes balances!

# Anabasis

## SONG

Under the bronze leaves a colt was foaled. Came such an one who laid bitter fruit in our hands. Stranger. Who passed. Here comes news of other provinces to my liking. . . . "Hail, daughter! under the tallest tree of the year."

❖

For the Sun enters the sign of the Lion and the Stranger has laid his finger on the mouth of the Dead. Stranger. Who laughed. And tells us of an herb. O from the provinces blow many winds. What ease to our way! how the trumpet rejoices my heart and the feather revels in the scandal of the wing! . . . "My Soul, great girl, you had your ways which are not ours."

❖

Under the bronze leaves a colt had been foaled. Came such an one who laid this bitter fruit in our hands. Stranger. Who passed. Out of the bronze tree comes a great bruit of voices. Roses and bitumen, gift of song, thunder and fluting in the rooms. O what ease in our ways, how many tales to the year, and by the roads of all the earth the Stranger to his ways. . . . "Hail, daughter! robed in the loveliest robe of the year."

I

I have built myself, with honor and dignity have I built myself on three great seasons, and it promises well, the soil whereon I have established my Law.

Beautiful are bright weapons in the morning and behind us the sea is fair. Given over to our horses this seedless earth

delivers to us this incorruptible sky. The Sun is not named but his power is amongst us.

and the sea at morning like a presumption of the mind.

Power, you sang as we march in darkness! . . . At the pure ides of day what know we of our dream, older than ourselves?

Yet one more year among us! Master of the Grain, Master of the Salt, and the commonwealth on an even beam!

Je ne hélerai point les gens d'une autre rive. Je ne tracerai point de grands

quartiers de villes sur les pentes avec le sucre des coraux. Mais j'ai dessein de vivre parmi vous.

Au seuil des tentes toute gloire! ma force parmi vous! et l'idée pure comme un sel tient ses assises dans le jour.

❖

. . . Or je hantais la ville de vos songes et j'arrêtais sur les marchés déserts ce pur commerce de mon âme, parmi vous

invisible et fréquente ainsi qu'un feu d'épines en plein vent.

Puissance, tu chantais sur nos routes splendides! . . . "Au délice du sel sont toutes lances de l'esprit. . . . J'aviverai du sel les bouches mortes du désir!

Qui n'a, louant la soif, bu l'eau des sables dans un casque,

je lui fais peu crédit au commerce de l'âme . . ." (Et le soleil n'est point nommé, mais sa puissance est parmi nous.)


Hommes, gens de poussière et de toutes façons, gens de négoce et de loisir, gens des confins et gens d'ailleurs, ô gens de peu de poids dans la mémoire de ces lieux; gens des vallées et des plateaux et des plus hautes pentes de ce monde à l'échéance de nos rives; flaireurs de signes, de semences, et confesseurs de souffles en Ouest; suiveurs de pistes, de saisons, leveurs de campements dans le petit vent de l'aube; ô chercheurs de points d'eau sur l'écorce du monde; ô chercheurs, ô trouveurs de raisons pour s'en aller ailleurs,

vous ne trafiquez pas d'un sel plus fort quand, au matin, dans un présage de royaumes et d'eaux mortes hautement suspendues sur les fumées du monde, les tambours de l'exil éveillent aux frontières

l'éternité qui bâille sur les sables.

❖

. . . En robe pure parmi vous. Pour une année encore parmi vous. "Ma gloire est sur les mers, ma force est parmi vous!

À nos destins promis ce souffle d'autres rives et, portant au delà les semences du temps, l'éclat d'un siècle sur sa pointe au fléau des balances. . . ."

Mathématiques suspendues aux banquises du sel! Au point sensible de mon front où le poème s'établit, j'inscris ce chant de tout un peuple, le plus ivre,

I shall not hail the people of another shore. I shall not trace the great boroughs of towns on the slopes with powder of coral. But I have the idea of living among you.

Glory at the threshold of the tents, and my strength among you, and the idea pure as salt holds its assize in the daylight.

✧

. . . So I haunted the City of your dreams, and I established in the desolate markets the pure commerce of my soul, among you

invisible and insistent as a fire of thorns in the gale.

Power, you sang on our roads of splendor! . . . "In the delight of salt the mind shakes its tumult of spears. . . . With salt shall I revive the dead mouths of desire!

He who has not praised thirst and drunk the water of the sands from a sallet

I trust him little in the commerce of the soul. . . ." (And the Sun is not named but his power is amongst us.)

Men, creatures of dust and folk of divers ways, people of business and of leisure, men from the marches and those from beyond, O men of little weight in the memory of these lands; people from the valleys and the uplands and the highest slopes of this world to the ultimate reach of our shores; Scenters of signs and seeds, and confessors of the western winds, followers of trails and of seasons, breakers of camp in the little dawn wind, seekers of watercourses over the wrinkled rind of the world, O seekers, O finders of reasons to be up and be gone,

you traffic not in a salt more strong than this, when at morning with omen of kingdoms and omen of dead waters swung high over the smokes of the world, the drums of exile waken on the marches

Eternity yawning on the sands.

✧

. . . In a single robe and pure, among you. For another year, among you. "My glory is upon the seas, my strength is amongst you!

To our destiny promised this breath of other shores, and there beyond the seeds of time, the splendor of an age at its height on the beam of the scales. . . ."

Mathematics hung on the floes of salt! there at the sensitive point on my brow where the poem is formed, I inscribe this chant of all a people, the most rapt god-drunken,

à nos chantiers tirant d'immortelles carènes!

## IV

C'est là le train du monde et je n'ai que du bien à en dire—Fondation
de la ville. Pierre et bronze. Des feux de ronces à l'aurore
    mirent à nu ces grandes
    pierres vertes et huileuses comme des fonds de temples, de latrines,
    et le navigateur en mer atteint de nos fumées vit que la terre, jusqu'au
faîte, avait changé d'image (de grands écobuages vus du large et ces
travaux de captation d'eaux vives en montagne).

    Ainsi la ville fut fondée et placée au matin sous les labiales d'un nom
pur. Les campements a'annulent aux collines! Et nous qui sommes là
sur les galeries de bois,
    tête nue et pieds nus dans la fraîcheur du monde,
    qu'avons-nous donc à rire, mais qu'avons-nous à rire, sur nos sièges,
pour un débarquement de filles et de mules?
    et qu'est-ce à dire, depuis l'aube, de tout ce peuple sous les voiles?—
Des arrivages de farines! . . . Et les vaisseaux plus hauts qu'Ilion sous
le paon blanc du ciel, ayant franchi la barre, s'arrêtaient
    en ce point mort où flotte un âne mort. (Il s'agit d'arbitrer ce fleuve
pâle, sans destin, d'une couleur de sauterelles écrasées dans leur sève.)

    Au grand bruit frais de l'autre rive, les forgerons sont maîtres de
leurs feux! Les claquements du fouet déchargent aux rues neuves des
tombereaux de malheurs inéclos. Ô mules, nos ténèbres sous le sabre de
cuivre! quatre têtes rétives au nœud du poing font un vivant corymbe
sur l'azur. Les fondateurs d'asiles s'arrêtent sous un arbre et les idées leur
viennent pour le choix des terrains. Ils m'enseignent le sens et la desti-
nation des bâtiments: face honorée, face muette; les galeries de latérite,
les vestibules de pierre noire et les piscines d'ombre claire pour biblio-
thèques; des constructions très fraîches pour les produits pharma-
ceutiques. Et puis s'en viennent les banquiers qui sifflent dans leurs clefs.
Et déjà par les rues un homme chantait seul, de ceux qui peignent sur

drawing to our dockyards eternal keels!

## IV

Such is the way of the world and I have nothing but good to say of it—
Foundation of the City. Stone and bronze. Thorn fires at dawn
   bared these great
   green stones, and viscid like the bases of temples, of latrines,
   and the mariner at sea whom our smoke reached saw that the earth to
the summit had changed its form (great tracts of burnt-over land seen
afar and these operations of channelling the living waters on the mountains).

Thus was the City founded and placed in the morning under the
labials of a clear sounding name. The encampments are razed from the
hills! And we who are there in the wooden galleries,
   head bare and foot bare in the freshness of the world,
   what have we to laugh at, but what have we to laugh at, as we sit, for
a disembarkation of girls and mules?
   and what is there to say, since the dawn, of all this people under
sail?—Arrivals of grain! . . . And the ships taller than Ilion under the
white peacock of the sky, having crossed the bar, hove to
   in this deadwater where floats a dead ass. (We must ordain the fate
of this pale meaningless river, color of grasshoppers crushed in their
sap.)

In the great fresh noise of the yonder bank, the blacksmiths are masters of their fires! The cracking of whips in the new streets unloads
whole wainsful of unhatched evils. O mules, our shadows under the
copper sword! four restive heads knotted to the fist make a living cluster
against the blue. The founders of asylums meet beneath a tree and find
their ideas for the choice of situations. They teach me the meaning and
the purpose of the buildings: front adorned, back blind; the galleries of
laterite, the vestibules of black stone and the pools of clear shadow for
libraries; cool places for wares of the druggist. And then come the
bankers blowing into their keys. And already in the streets a man sang
alone, one of those who paint on their brow the cipher of their god.

leur front le chiffre de leur Dieu. (Crépitements d'insectes à jamais dans ce quartier aux détritus!) . . . Et ce n'est point le lieu de vous conter nos alliances avec les gens de l'autre rive; l'eau offerte dans les outres, les prestations de cavalerie pour les travaux du port et les princes payés en monnaie de poissons. (Un enfant triste comme la mort des singes—sœur aînée d'une grande beauté—nous offrait une caille dans un soulier de satin rose.)

. . . Solitude! l'œuf bleu que pond un grand oiseau de mer, et les baies au matin tout encombrées de citrons d'or!—C'était hier! L'oiseau s'en fut!

Demain les fêtes, les clameurs, les avenues plantées d'arbres à gousses et les services de voierie emportant à l'aurore de grands morceaux de palmes mortes, débris d'ailes géantes . . . Demain les fêtes,

les élections de magistrats du port, les vocalises aux banlieues et, sous les tièdes couvaisons d'orage,

la ville jaune, casquée d'ombre avec ses caleçons de filles aux fenêtres.

✧

. . . À la troisième lunaison, ceux qui veillaient aux crêtes des collines replièrent leurs toiles. On fit brûler un corps de femme dans les sables. Et un homme s'avança à l'entrée du Désert—profession de son père: marchand de flacons.

## VII

Nous n'habiterons pas toujours ces terres jaunes, notre délice. . . .

L'Eté plus vaste que l'Empire suspend aux tables de l'espace plusieurs étages de climats. La terre vaste sur son aire roule à pleins bords sa braise pâle sous les cendres.—Couleur de soufre, de miel, couleur de choses immortelles, toute la terre aux herbes s'allumant aux pailles de l'autre hiver—et de l'éponge verte d'un seul arbre le ciel tire son suc violet.

Un lieu de pierres à mica! Pas une graine pure dans les barbes du vent. Et la lumière comme une huile.—De la fissure des paupières au fil des cimes m'unissant, je sais la pierre tachée d'ouies, les essaims du silence aux ruches de lumière; et mon cœur prend souci d'une famille d'acridiens. . . .

(Perpetual crackling of insects in this quarter of vacant lots and rubbish.) . . . And this is no time to tell you, no time to reckon our alliances with the people of the other shore; water presented in skins, commandeering of cavalry for the dockworks and princes paid in currency of fish. (A child sorrowful as the death of apes—one that had an elder sister of great beauty—offered us a quail in a slipper of rose-colored satin.)

. . . Solitude! the blue egg laid by a great sea-bird, and the bays at morning all littered with gold lemons!—Yesterday it was! The bird made off!

Tomorrow the festivals and tumults, the avenues planted with podded trees, and the dustmen at dawn bearing away huge pieces of dead palm trees, fragment of giant wings . . . Tomorrow the festivals,

the election of harbor-masters, the voices practicing in the suburbs and, under the moist incubation of storms,

the yellow town, casque'd in shade, with the girls' waist cloths hanging at the windows.

. . . At the third lunation, those who kept watch on the hilltops folded their canvas. The body of a woman was burnt in the sands. And a man strode forth at the threshold of the desert—profession of his father: dealer in scent-bottles.

## VII

We shall not dwell forever in these yellow lands, our pleasance. . . .

The Summer vaster than the Empire hangs over the tables of space several terraces of climate. The huge earth rolls on its surface overflowing its pale embers under the ashes—. Sulphur color, honey color of immortal things, the whole grassy earth taking light from the straw of last winter—and from the green sponge of a lone tree the sky draws its violet juices.

A place glittering with mica! Not a pure grain in the wind's barbs. And light like oil.—From the crack of my eye to the level of the hills I join myself, I know the stones gillstained, the swarms of silence in the hives of light; and my heart gives heed to a family of locusts. . . .

Chamelles douces sous la tonte, cousues de mauves cicatrices, que les collines s'acheminent sous les données du ciel agraire—qu'elles cheminent en silence sur les incandescences pâles de la plaine; et s'agenouillent à la fin, dans la fumée des songes, là où les peuples s'abolissent aux poudres mortes de la terre.

Ce sont de grandes lignes calmes qui s'en vont à des bleuissements de vignes improbables. La terre en plus d'un point mûrit les violettes de l'orage; et ces fumées de sable qui s'élèvent au lieu des fleuves morts, comme des pans de siècles en voyage. . . .

À voix plus basse pour les morts, à voix plus basse dans le jour. Tant de douceur au cœur de l'homme, se peut-il qu'elle faille à trouver sa mesure? . . . 'Je vous parle, mon âme!—mon âme tout enténébrée d'un parfum de cheval!' Et quelques grands oiseaux de terre, naviguant en Ouest, sont de bons mimes de nos oiseaux de mer.

À l'orient du ciel si pâle, comme un lieu saint scellé des linges de l'aveugle, des nuées calmes se disposent, où tournent les cancers du camphre et de la corne. . . . Fumées qu'un souffle nous dispute! la terre tout attente en ses barbes d'insectes, la terre enfante des merveilles! . . .

Et à midi, quand l'arbre jujubier fait éclater l'assise des tombeaux, l'homme clôt ses paupières et rafraîchit sa nuque dans les âges. . . . Cavaleries du songe au lieu des poudres mortes, ô routes vaines qu'échevèle un souffle jusqu'à nous! où trouver, où trouver les guerriers qui garderont les fleuves dans leurs noces?

Au bruit des grandes eaux en marche sur la terre, tout le sel de la terre tressaille dans les songes. Et soudain, ha! soudain que nous veulent ces voix? Levez un peuple de miroirs sur l'ossuaire des fleuves, qu'ils interjettent appel dans la suite des siècles! Levez des pierres à ma gloire, levez des pierres au silence, et à la garde de ces lieux les cavaleries de bronze vert sur de vastes chaussées! . . .

(L'ombre d'un grand oiseau me passe sur la face.)

## X

Fais choix d'un grand chapeau dont on séduit le bord. L'œil recule d'un siècle aux provinces de l'âme. Par la porte de craie vive on voit les

Like milch-camels, gentle beneath the shears and sewn with mauve scars, let the hills march forth under the scheme of the harvest sky— let them march in silence over the pale incandescence of the plain; and kneel at last, in the smoke of dreams, there where the peoples annihilate themselves in the dead powder of earth.

These are the great quiet lines that disperse in the fading blue of doubtful vines. The earth here and there ripens the violets of storm; and these sandsmokes that rise over dead river courses, like the skirts of centuries on their route. . . .

Lower voice for the dead, lower voice by day. Such gentleness in the heart of man, can it fail to find its measure? . . . 'I speak to you, my soul!—my soul darkened by the horse smell!' And several great land birds, voyaging westwards, make good likeness of our sea birds.

In the east of so pale a sky, like a holy place sealed by the blind man's linen, calm clouds arrange themselves, where the cancers of camphor and horn revolve. . . . Smoke which a breath of wind claims from us! the earth poised tense in its insect barbs, the earth is brought to bed of wonders! . . .

And at noon, when the jujuba tree breaks the tombstone, man closes his lids and cools his neck in the ages. . . . Horsetramplings of dreams in the place of dead powders, O vain ways a breath sweeps smoking toward us! where find, where find, the warriors who shall watch the streams in their nuptials?

At the sound of great waters on march over the earth, all the salt of the earth shudders in dream. And sudden, ah sudden, what would these voices with us? Levy a wilderness of mirrors on the boneyard of streams, let them appeal in the course of ages! Raise stones to my fame, raise stones to silence; and to guard these places, cavalcades of green bronze on the great causeways! . . .

(The shadow of a great bird falls on my face.)

# X

Select a wide hat with the brim seduced. The eye withdraws by a century into the provinces of the soul. Through the gate of living chalk

choses de la plaine: choses vivantes, ô choses
   excellentes!

   des sacrifices de poulains sur des tombes d'enfants, des purifications
de veuves dans les roses et des rassemblements d'oiseaux verts dans les
cours en l'honneur des vieillards;
   beaucoup de choses sur la terre à entendre et à voir, choses vivantes
parmi nous!
   des célébrations de fêtes en plein air pour des anniversaires de grands
arbres et des cérémonies publiques en l'honneur d'une mare; des dédi-
caces de pierres noires, parfaitement rondes, des inventions de sources
en lieux morts, des consécrations d'étoffes, à bout de perches, aux ap-
proches des cols, et des acclamations violentes, sous les murs, pour des
mutilations d'adultes au soleil, pour des publications de linges d'épou-
sailles!
   bien d'autres choses encore à hauteur de nos tempes: les pansements
de bêtes au faubourgs, les mouvements de foules au devant des tondeurs,
des puisatiers et des hongreurs; les spéculations au souffle des moissons
et la ventilation d'herbages, à bout de fourches, sur les toits; les con-
structions d'enceintes de terre cuite et rose, de sècheries de viandes en
terrasses, de galeries pour les prêtres, de capitaineries; les cours im-
menses du vétérinaire; les corvées d'entretien de routes muletières, de
chemins en lacets dans les gorges; les fondations d'hospices en lieux
vagues; les écritures à l'arrivée des caravanes et les licenciements d'es-
cortes aux quartiers de changeurs; les popularités naissantes sous
l'auvent, devant les cuves à friture; les protestations de titres de créance;
les destructions de bêtes albinos, de vers blancs sous la terre, les feux de
ronces et d'épines aux lieux souillés de mort, la fabrication d'un beau
pain d'orge et de sésame; ou bien d'épeautre; et la fumée des hommes
en tous lieux. . . .
   ha! toutes sortes d'hommes dans leurs voies et façons: mangeurs
d'insectes, de fruits d'eau; porteurs d'emplâtres, de richesses! l'agricul-
teur et l'adalingue, l'acuponcteur et le saunier; le péager, le forgeron;
marchands de sucre, de cannelle, de coupes à boire en métal blanc et de
lampes de corne; celui qui taille un vêtement de cuir, des sandales dans
le bois et des boutons en forme d'olives: celui qui donne à la terre ses
façons; et l'homme de nul métier: homme au faucon, homme à la flûte,
homme aux abeilles; celui qui tire son plaisir du timbre de sa voix, celui

we see the things of the plain: living things,
  excellent things!


sacrifice of colts on the tombs of children, purification of widows among the roses and consignments of green birds in the courtyards to do honor to the old men;

many things on the earth to hear and to see, living things among us!

celebrations of open air festivals for the name-day of great trees and public rites in honor of a pond; consecration of black stones perfectly round, discovery of springs in dead places, dedication of cloths held up on poles, at the gates of the passes, and loud acclamations under the walls for the mutilation of adults in the sun, for the publication of the bride-sheets!

many other things too at the level of our eyes: dressing the sores of animals in the suburbs, stirring of the crowds toward sheep-shearers, well-sinkers and horse-gelders; speculations in the breath of harvests and turning of hay on the roofs, on the prongs of forks; building of enclosures of rose red terra cotta, of terraces for meat-drying, of galleries for priests, of quarters for captains; the vast court of the horse-doctor; the fatigue parties for upkeep of muleways, of zig-zag roads through the gorges; foundation of hospices in vacant places; the invoicing at arrival of caravans, and disbanding of escorts in the quarter of money-changers; budding popularities under the sheds, in front of the frying vats; protestation of bills of credit; destruction of albino animals, of white worms in the soil; fires of bramble and thorn in places defiled by death, the making of a fine bread of barley and sesame; or else of spelt; and the firesmoke of man everywhere. . . .

ha! all conditions of men in their ways and manners; eaters of insects, of water fruits; those who bear poultices, those who bear riches; the husbandman, and the young noble horsed; the healer with needles, and the salter; the toll-gatherer, the smith, vendors of sugar, of cinnamon, of white metal drinking cups and of lanthorns; he who fashions a leather tunic, wooden shoes and olive-shaped buttons; he who dresses a field; and the man of no trade: the man with the falcon, the man with the flute, the man with bees; he who takes his delight in the pitch of

qui trouve son emploi dans la contemplation d'une pierre verte; qui fait brûler pour son plaisir un feu d'écorces sur son toit; qui se fait sur la terre un lit de feuilles odorantes, qui s'y couche et repose; qui pense à des dessins de céramiques vertes pour des bassins d'eaux vives; et celui qui a fait des voyages et songe à repartir; qui a vécu dans un pays de grandes pluies; qui joue aux dés, aux osselets, au jeu des gobelets; ou qui a déployé sur le sol ses tables à calcul; celui qui a des vues sur l'emploi d'une calebasse; celui qui traîne un aigle mort comme un faix de branchages sur ses pas (et la plume est donnée, non vendue, pour l'empennage des flèches), celui qui récolte le pollen dans un vaisseau de bois (et mon plaisir, dit-il, est dans cette couleur jaune); celui qui mange des beignets, des vers de palmes, des framboises, celui qui aime le goût de l'estragon; celui qui rêve d'un poivron; ou bien encore celui qui mâche d'une gomme fossile, qui porte une conque à son oreille, et celui qui épie le parfum de génie aux cassures fraîches de la pierre; celui qui pense au corps de femme, homme libidineux; celui qui voit son âme au reflet d'une lame; l'homme versé dans les sciences, dans l'ono-mastique; l'homme en faveur dans les conseils, celui qui nomme les fontaines, qui fait un don de sièges sous les arbres, de laines teintes pour les sages; et fait sceller aux carrefours de très grands bols de bronze pour la soif; bien mieux, celui qui ne fait rien, tel homme et tel dans ses façons, et tant d'autres encore! les ramasseurs de cailles dans les plis de terrains, ceux qui récoltent dans les broussailles les œufs tiquetés de vert, ceux qui descendent de cheval pour ramasser des choses, des agates, une pierre bleu pâle que l'on taille à l'entrée des faubourgs (en manière d'étuis, de tabatières et d'agrafes, ou de boules à rouler aux mains des paralytiques); ceux qui peignent en sifflant des coffrets en plein air, l'homme au bâton d'ivoire, l'homme à la chaise de rotin, l'ermite orné de mains de fille et le guerrier licencié qui a planté sa lance sur son seuil pour attacher un singe . . . ha! toutes sortes d'hommes dans leurs voies et façons, et soudain! apparu dans ses vêtements du soir et tran-chant à la ronde toutes questions de préséance, le Conteur qui prend place au pied du térébinthe . . .

Ô généalogiste sur la place! combien d'histoires de familles et de filiations?—et que le mort saisisse le vif, comme il est dit aux tables du légiste, si je n'ai vu toute chose dans son ombre et le mérite de son âge: les entrepôts de livres et d'annales, les magasins de l'astronome et la

his voice, he who makes it his business to contemplate a green stone; he who burns for his pleasure a thornfire on his roof; he who makes on the ground his bed of sweet-smelling leaves, lies down there and rests; he who thinks out designs of green pottery for fountains; and he who has travelled far and dreams of departing again; he who has dwelt in a country of great rains; the dicer, the knuckle-bone player, the juggler; or he who has spread on the ground his reckoning tablets; he who has his opinions on the use of a gourd; he who drags a dead eagle like a faggot on his tracks (and the plumage is given, not sold, for fletching); he who gathers pollen in a wooden jar (and my delight, says he, is in this yellow color); he who eats fritters, the maggots of the palmtree, or raspberries; he who fancies the flavor of tarragon; he who dreams of green pepper, or else he who chews fossil gum, who lifts a conch to his ear, or he who sniffs the odor of genius in the freshly cracked stone; he who thinks of the flesh of women, the lustful; he who sees his soul reflected in a sword blade; the man learned in sciences, in onomastic; the man well thought of in councils, he who names fountains, he who makes a public gift of seats in the shady places, of dyed wool for the wise men; and has great bronze jars, for thirst, planted at the crossways; better still, he who does nothing, such a one and such in his manners, and so many others still! those who collect quails in the wrinkled land, those who hunt among the furze for green-speckled eggs, those who dismount to pick things up, agates, a pale blue stone which they cut and fashion at the gates of the suburbs (into cases, tobacco boxes, brooches, or into balls to be rolled between the hands of the paralyzed); those who whistling paint boxes in the open air, the man with the ivory staff, the man with the rattan chair, the hermit with hands like a girl's and the disbanded warrior who has planted his spear at the threshold to tie up a monkey . . . ha! all sorts of men in their ways and fashions, and of a sudden! behold in his evening robes and summarily settling in turn all questions of precedence, the Storyteller who stations himself at the foot of the turpentine tree. . . .

O genealogist upon the marketplace! how many chronicles of families and connections?—and may the dead seize the quick, as is said in the tables of the law, if I have not seen each thing in its own shadow and the virtue of its age: the stores of books and annals, the astronomer's

beauté d'un lieu de sépultures, de très vieux temples sous les palmes, habités d'une mule et de trois poules blanches—et par delà le cirque de mon œil, beaucoup d'actions secrètes en chemin: les campements levés sur des nouvelles qui m'échappent, les effronteries de peuples aux collines et les passages de rivières sur des outres; les cavaliers porteurs de lettres d'alliance, l'embuscade dans les vignes, les entreprises de pillards au fond des gorges et les manœuvres à travers champs pour le rapt d'une femme, les marchandages et les complots, l'accouplement de bêtes en forêt sous les yeux des enfants, et des convalescences de prophètes au fond des bouveries, les conversations muettes de deux hommes sous un arbre . . .

mais par-dessus les actions des hommes sur la terre, beaucoup de signes en voyage, beaucoup de graines en voyage, et sous l'azyme du beau temps, dans un grand souffle de la terre, toute la plume des moissons! . . .

jusqu'à l'heure du soir où l'étoile femelle, chose pure et gagée dans les hauteurs du ciel . . .


Terre arable du songe! Qui parle de bâtir?—J'ai vu la terre distribuée en de vastes espaces et ma pensée n'est point distraite du navigateur.


CHANSON


Mon cheval arrêté sous l'arbre plein de tourterelles, je siffle un sifflement si pur, qu'il n'est promesses à leurs rives que tiennent tous ces fleuves (Feuilles vivantes au matin sont à l'image de la gloire) . . .

✦

Et ce n'est point qu'un homme ne soit triste, mais se levant avant le jour et se tenant avec prudence dans le commerce d'un vieil arbre, appuyé du menton à la dernière étoile, il voit au fond du ciel à jeun de grandes choses pures qui tournent au plaisir. . . .

✦

Mon cheval arrêté sous l'arbre qui roucoule, je siffle un sifflement plus pur. . . . Et paix à ceux, s'ils vont mourir, qui n'ont point vu ce jour. Mais de mon frère le poète on a eu des nouvelles. Il a écrit encore une chose très douce. Et quelques-uns en eurent connaissance. . . .

storehouses and the beauty of a place of sepulture, of very old temples under the palm trees, frequented by a mule and three white hens—and beyond my eye's circuit, many a secret doing on the routes: striking of camps upon tidings which I know not, effronteries of the hill tribes, and passage of rivers on skin-jars; horsemen bearing letters of alliance, the ambush in the vineyard, forays of robbers in the depths of gorges and manœuvres over field to ravish a woman, bargain-driving and plots, coupling of beasts in the forests before the eyes of children, convalescence of prophets in byres, the silent talk of two men under a tree . . .

but over and above the actions of men on the earth, many omens on the way, many seeds on the way, and under unleavened fine weather, in one great breath of the earth, the whole feather of harvest! . . .

until the hour of evening when the female star, pure and pledged in the sky heights . . .

Plough-land of dream! Who talks of building?—I have seen the earth spread out in vast spaces and my thought is not heedless of the navigator.

## SONG

I have halted my horse by the tree of the doves, I whistle a note so sweet, shall the rivers break faith with their banks? (Living leaves in the morning fashioned in glory) . . .

And not that a man be not sad, but arising before day and biding circumspectly in the communion of an old tree, leaning his chin on the last fading star, he beholds at the end of the fasting sky great things and pure that unfold to delight. . . .

I have halted my horse by the dove-moaning tree, I whistle a note more sweet. . . . Peace to the dying who have not seen this day! But tidings there are of my brother the poet: once more he has written a song of great sweetness. And some there are who have knowledge thereof. . . .

T. S. ELIOT

# Exil

*À Archibald MacLeish*

1

Portes ouvertes sur les sables, portes ouvertes sur l'exil,
  Les clés aux gens du phare, et l'astre roué vif sur la pierre du seuil:
  Mon hôte, laissez-moi votre maison de verre dans les sables. . . .
  L'Été de gypse aiguise ses fers de lance dans nos plaies,
  J'élis un lieu flagrant et nul comme l'ossuaire des saisons,
  Et, sur toutes grèves de ce monde, l'esprit du dieu fumant déserte sa couche d'amiante.
  Les spasmes de l'éclair sont pour le ravissement des Princes en Tauride.

2

À nulles rives dédiée, à nulles pages confiée la pure amorce de ce chant . . .
  D'autres saisissent dans les temples la corne peinte des autels:
  Ma gloire est sur les sables! ma gloire est sur les sables! . . . Et ce n'est point errer, ô Pérégrin,
  Que de convoiter l'aire la plus nue pour assembler aux syrtes de l'exil un grand poème né de rien, un grand poème fait de rien. . . .
  Sifflez, ô frondes par le monde, chantez, ô conques sur les eaux!
  J'ai fondé sur l'abîme et l'embrun et la fumée des sables. Je me coucherai dans les citernes et dans les vaisseaux creux,
  En tous lieux vains et fades où gît le goût de la grandeur.

  «. . . Moins de souffles flattaient la famille des Jules; moins d'alliances assistaient les grandes castes de prêtrise.
  Où vont les sables à leur chant s'en vont les Princes de l'exil,
  Où furent les voiles haut tendues s'en va l'épave plus soyeuse qu'un songe de luthier,
  Où furent les grandes actions de guerre déjà blanchit la mâchoire d'âne,

# Exile

*To Archibald MacLeish*

**1**

Doors open on the sands, doors open on exile,

The keys with the lighthouse keepers, and sun spreadeagled on the threshold stone:

Leave me, dear host, your house of glass on the sands. . . .

Summer, all gypsum, whets its lance-heads in our wounds,

I have chosen a place glaring and null as the bone-heap of the seasons,

And, on all the shores of the world, the ghost of the god in smoke abandons his bed of asbestos.

The spasms of lightning are for the delight of Princes in Taurida.

**2**

Dedicated to no shores, imparted to no pages, the pure beginnings of this song . . .

Others in temples seize on the painted altar horns:

My fame is on the sands! my fame is on the sands! . . . And it is no error, O Peregrine,

To desire the barest place for assembling on the wastes of exile a great poem of nothing, a great poem made from nothing. . . .

Whistle, O slings about the world, sing, O conches on the waters!

I have built upon the abyss and the spindrift and the sand-smoke. I shall lie down in cistern and hollow vessel,

In all stale and empty places where lies the taste of greatness.

". . . There were fewer breezes to flatter the Julii; fewer alliances to assist the great priestly castes.

Where the sands go to their song, there go the Princes of exile,

Where there were high taut sails, there goes the wreck more silken than a lute-maker's dream,

Where there were great military actions, there lies whitening now the jawbone of an ass.

Et la mer à la ronde roule son bruit de crânes sur les grèves,

Et que toutes choses au monde lui soient vaines, c'est ce qu'un soir,
au bord du monde, nous contèrent

Les milices du vent dans les sables d'exil. . . .»

Sagesse de l'écume, ô pestilences de l'esprit dans la crépitation du sel
et le lait de chaux vive!

Une science m'échoit aux sévices de l'âme. . . . Le vent nous conte
ses flibustes, le vent nous conte ses méprises!

Comme le Cavalier, la corde au poing, à l'entrée du désert,

J'épie au cirque le plus vaste l'élancement des signes les plus fastes.

Et le matin pour nous mène son doigt d'augure parmi de saintes
écritures.

L'exil n'est point d'hier! l'exil n'est point d'hier! «Ô vestiges, ô
prémisses»,

Dit l'Étranger parmi les sables, «toute chose au monde m'est nou-
velle! . . .» Et la naissance de son chant ne lui est pas moins étrangère.

### 3

«. . . Toujours il y eut cette clameur, toujours il y eut cette splendeur,

Et comme un haut fait d'armes en marche par le monde, comme un
dénombrement de peuples en exode, comme une fondation d'empires
par tumulte prétorien, ha! comme un gonflement de lèvres sur la nais-
sance des grands Livres,

Cette grande chose sourde par le monde et qui s'accroît soudain
comme une ébriété.

«. . . Toujours il y eut cette clameur, toujours il y eut cette grandeur,

Cette chose errante par le monde, cette haute transe par le monde, et
sur toutes grèves de ce monde, du même souffle proférée, la même vague
proférant

Une seule et longue phrase sans césure à jamais inintelligible . . .

«. . . Toujours il y eut cette clameur, toujours il y eut cete fureur,

Et ce très haut ressac au comble de l'accès, toujours, au faîte du désir,
la même mouette sur son aile, la même mouette sur son aire, à tire-

And the rounding sea rolls her noise of skulls on the shores,

And all things in the world to her are in vain, so we heard one night at the world's edge

From the wind's militias in the sands of exile. . . ."


Wisdom in the foam, O plagues of the mind in the crepitation of salt and the milk of quicklime!

I learn a science from the soul's aggressions. . . . The wind tells us its piracies, the wind tells us its errors!

Like the Rider, lariat in hand, at the gate of the desert,

I watch in this vast arena signs of good omen soaring.

And morning, for our sake, moves her prophetic finger through sacred writings.

Exile is not of yesterday! exile is not of yesterday! . . . "O vestiges, O premises,"

Says the Stranger on the sands, "the whole world is new to me! . . ."
And the birth of his song is no less alien to him.


### 3

". . . There has always been this clamor, there has always been this splendor,

And like a great feat of arms on the march across the world, like a census of peoples in exodus, like a foundation of empires in praetorian tumult, ah! like an animation of lips over the birth of great Books,

This huge muffled thing loose in the world, and suddenly growing huger like drunkenness.


". . . There has always been this clamor, there has always been this grandeur,

This thing wandering about the world, this high trance about the world, and on all the shores of the world, by the same breath uttered, the same wave uttering

One long phrase without pause forever unintelligible . . .


". . . There has always been this clamor, there has always been this furor,

And this tall surf at the pitch of passion, always, at the peak of desire, the same gull on the wing, the same gull under way, rallying with

d'aile ralliant les stances de l'exil, et sur toutes grèves de ce monde, du même souffle proférée, la même plainte sans mesure

À la poursuite, sur les sables, de mon âme numide . . .»

Je vous connais, ô monstre! Nous voici de nouveau face à face. Nous reprenons ce long débat où nous l'avions laissé.

Et vous pouvez pousser vos arguments comme des mufles bas sur l'eau: je ne vous laisserai point de pause ni répit.

Sur trop de grèves visitées furent mes pas lavés avant le jour, sur trop de couches désertées fut mon âme livrée au cancer du silence.

Que voulez-vous encore de moi, ô souffle originel? Et vous, que pensez-vous encore tirer de ma lèvre vivante,

Ô force errante sur mon seuil, ô Mendiante dans nos voies et sur les traces du Prodigue?

Le vent nous conte sa vieillesse, le vent nous conte sa jeunesse. . . . Honore, ô Prince, ton exil!

Et soudain tout m'est force et présence, où fume encore le thème du néant.

«. . . Plus haute, chaque nuit, cette clameur muette sur mon seuil, plus haute, chaque nuit, cette levée de siècles sous l'écaille,

Et, sur toutes grèves de ce monde, un ïambe plus farouche à nourrir de mon être! . . .

Tant de hauteur n'épuisera la rive accore de ton seuil, ô Saisisseur de glaives à l'aurore,

Ô Manieur d'aigles par leurs angles, et Nourrisseur des filles les plus aigres sous la plume de fer!

Toute chose à naître s'horripile à l'orient du monde, toute chair naissante exulte aux premiers feux du jour!

Et voici qu'il s'élève une rumeur plus vaste par le monde, comme une insurrection de l'âme. . . .

Tu ne te tairas point, clameur! que je n'aie dépouillé sur les sables toute allégeance humaine. (Qui sait encore le lieu de sa naissance?)»

6

«. . . Celui qui erre, à la mi-nuit, sur les galeries de pierre pour estimer

spread wings the stanzas of exile, and on all the shores of the world, by the same breath uttered, the same measureless lamentation

Pursuing across the sands my Numidian soul . . ."

I know you, monster-head! Once more face to face. We take up the long debate where we left off.

And you may urge your arguments like snouts low over the water: I will leave you no rest and no respite.

On too many frequented shores have my footsteps been washed away before the day, on too many deserted beds has my soul been delivered up to the cancer of silence.

What more do you want of me, O breath of origin? And you, what more would you drag from my living lips,

O power wandering about my threshold, O Beggar-woman on our roads and on the trail of the Prodigal?

The wind tells us its age, the wind tells us its youth. . . . Honor thine exile, O Prince!

And all at once all is power and presence for me, here where the theme of nothingness rises still in smoke.

". . . Higher, night by night, this silent clamor upon my sill, higher, night by night, this rising of the ages in their bristling scales,

And on all the shores of the world a fiercer iambic verse to be fed from my being! . . .

So great an altitude can never annul the sheer fall from thy sill, O Seizer of swords at dawn,

O Handler of eagles by their angles, Feeder of women shrill in their iron plumes!

All things at birth bristle to the east of the world, all flesh at birth exults in the first fires of day!

And here, a greater murmur is rising around the world, like an insurrection of the soul. . . .

You shall not cease, O clamor, until, upon the sands, I shall have sloughed off every human allegiance. (Who knows his birthplace still?)"

6

". . . He who, in the midnight hours, ranges the stone galleries assessing

les titres d'une belle comète; celui qui veille, entre deux guerres, à la pureté des grandes lentilles de cristal; celui qui s'est levé avant le jour pour curer les fontaines, et c'est la fin des grandes épidémies; celui qui laque en haute mer avec ses filles et ses brus, et c'en était assez des cendres de la terre . . .

Celui qui flatte la démence aux grands hospices de craie bleue, et c'est Dimanche sur les seigles, à l'heure de grande cécité; celui qui monte aux orgues solitaires, à l'entrée des armées; celui qui rêve un jour d'étranges latomies, et c'est un peu après midi, à l'heure de grande viduité; celui qu'éveille en mer, sous le vent d'une île basse, le parfum de sécheresse d'une petite immortelle des sables; celui qui veille, dans les ports, aux bras des femmes d'autre race, et c'est un goût de vétiver dans le parfum d'aisselle de la nuit basse, et c'est un peu après minuit, à l'heure de grande opacité; celui, dans le sommeil, dont le souffle est relié au souffle de la mer; et au renversement de la marée voici qu'il se retourne sur sa couche comme un vaisseau change d'amures . . .

Celui qui peint l'amer au front des plus hauts caps, celui qui marque d'une croix blanche la face des récifs; celui qui lave d'un lait pauvre les grandes casemates d'ombre au pied des sémaphores, et c'est un lieu de cinéraires et de gravats pour la délectation du sage; celui qui prend logement, pour la saison des pluies, avec les gens de pilotage et de born-age—chez le gardien d'un temple mort à bout de péninsule (et c'est sur un éperon de pierre gris-bleu, ou sur la haute table de grès rouge); celui qu'enchaîne, sur les cartes, la course close des cyclones; pour qui s'éclair-ent, aux nuits d'hiver, les grandes pistes sidérales; ou qui démêle en songe bien d'autres lois de transhumance et de dérivation; celui qui quête, à bout de sonde, l'argile rouge des grands fonds pour modeler la face de son rêve; celui qui s'offre, dans les ports, à compenser les bous-soles pour la marine de plaisance . . .

Celui qui marche sur la terre à la rencontre des grands lieux d'herbe; qui donne, sur sa route, consultation pour le traitement d'une très vieil arbre; celui qui monte aux tours de fer, après l'orage, pour éventer ce goût de crêpe sombre des feux de ronces en forêt; celui qui veille, en lieux stériles, au sort des grandes lignes télégraphiques; qui sait le gîte et la culée d'atterrissage des maîtres câbles sous-marins; qui soigne sous la ville, en lieu d'ossuaires et d'égouts (et c'est à même l'écorce dé-

the title-deeds of a beautiful comet; he who, between two wars, watches over the purity of great crystal lenses; he who rises before daylight to clean out the fountains, and the great epidemics are at an end; he who does the lacquering on the high seas with his daughters and his sons' wives, and they have had enough of the ashes floating above the land . . .

He who soothes the insane in the great blue-chalk asylums, and it is Sunday over the rye-fields, the time of great blindness; he who, at the entry of the armies, goes up to the organs in their solitude; he who dreams one day about strange quarry-prisons, and it is a little after midday, the time of great bereavement; he who, at sea, below the wind from a low-lying island, is awakened by the dry scent of a little immortelle of the sands; he who stays awake in the ports, embraced by women of another race, and there is a vetiver flavor in the armpit smell of the low, receding night, and it is a little after midnight, the time of great opacity; he whose breathing, asleep, is one with the sea's breathing, and at the turn of the tide he turns on the bed like a ship putting about . . .

He who paints the landmark on the brow of high headlands, he who marks with a white cross the face of high reefs; he who, with thin lime, washes the great shadow-filled casemates at the foot of the semaphores, and it is a place of cineraria and stony rubbish for the delectation of the sage; he who takes lodgings for the rainy season with pilots and coastline crews—with the guardian of a dead temple at land's end (on a spur of gray-blue rock or on a high table of red sandstone); he who, leaning over the chart, is involved in the closed courses of cyclones; for whom, on winter nights, the great sidereal tracks are lighted up; or who, in dreams, disentangles quite other laws of migration and drifting; he who, with lead, gathers the red mud of the deep to model the mask of his dream; he who, in the seaports, offers his services to adjust the yachtsmen's compasses . . .

He who walks across the earth towards the great grasslands; who gives an opinion, on the way, about the treatment of a tree grown very old; he who climbs iron towers, when the storm is spent, to dispel the dark crêpe smell from the forest brambles on fire; he who, in sterile places, watches over the fate of the major telegraph lines; who knows the lie and the landing point of the submarine sheet-cables; who nurses, in a place of boneyards and sewers below the city (and it is down to the

masclée de la terre), les instruments lecteurs de purs séismes . . .

Celui qui a la charge, en temps d'invasion, du régime des eaux, et fait visite aux grands bassins filtrants lassés des noces d'éphémères; celui qui garde de l'émeute, derrière les ferronneries d'or vert, les grandes serres fétides du Jardin Botanique; les grands Offices des Monnaies, des Longitudes et des Tabacs; et le Dépôt des Phares, où gisent les fables, les lanternes; celui qui fait sa ronde, en temps de siège, aux grands halls où s'émiettent, sous verre, les panoplies de phasmes, de vanesses; et porte sa lampe aux belles auges de lapis, où, friable, la princesse d'os épinglée d'or descend le cours des siècles sous sa chevelure de sisal; celui qui sauve des armées un hybride très rare de rosier-ronce himalayen; celui qui entretient de ses deniers, aux grandes banqueroutes de l'État, le luxe trouble des haras, des grands haras de brique fauve sous les feuilles, comme des roseraies de roses rouges sous le roucoulements d'orage, comme de beaux gynécées pleins de princes sauvages, de ténèbres, d'encens et de substance mâle . . .

Celui qui règle, en temps de crise, le gardiennage des hauts paquebots mis sous scellés, à la boucle d'un fleuve couleur d'iode, de purin (et sous le limbe des verrières, aux grands salons bâchés d'oubli, c'est une lumière d'agave pour les siècles et à jamais vigile en mer); celui qui vaque, avec les gens de peu, sur les chantiers et sur les cales désertées par la foule, après lancement d'une grande coque de trois ans; celui qui a pour profession d'agréer les navires; et celui-là qui trouve un jour le parfum de son âme dans le vaigrage d'un voilier neuf; celui qui prend la garde d'équinoxe sur le rempart des docks, sur le haut peigne sonore des grands barrages de montagne, et sur les grandes écluses océanes; celui, soudain, pour qui s'exhale toute l'haleine incurable de ce monde dans le relent des grands silos et entrepôts de denrées coloniales, là où l'épice et le grain vert s'enflent aux lunes d'hivernage comme la création sur son lit fade; celui qui prononce la clôture des grands congrès d'orographie, de climatologie, et c'est le temps de visiter l'Arboretum et l'Aquarium et le quartier des filles, les tailleries de pierres fines et le parvis des grands convulsionnaires . . .

Celui qui ouvre un compte en banque pour les recherches de l'esprit; celui qui entre au cirque de son œuvre nouvelle dans une très grande animation de l'être, et, de trois jours, nul n'a regard sur son silence que

peeled bark of the earth), the reading instruments of pure seisms . . .

He who, in time of invasion, has charge of the water systems and goes up to inspect the great filter reservoirs weary of the nuptials of dayflies; he who saves from the rioters the great fetid hothouses of the Botanical Gardens, behind the green-gold iron gates; the great Offices of the Mint, of Longitudes, and of the Tobacco Monopoly; the Department of Lighthouses strewn with fables and lanterns; he who, in time of siege, makes the round of the great halls in which panoplies of phasmas and vanessas crumble away under glass; who shines his lamp on handsome troughs of lapis lazuli in which an embalmed princess, her friable bones pinned with gold, descends the reaches of the centuries, capped in her sisal hair; he who rescues from the armies that rarest of hybrids, a Himalayan bramble-rose; he who, when the State goes bankrupt, finances the troubling splendor of the stud-farms, the great brick stud-farms tawny under the leaves, like rose-gardens of red roses under the dove noises of the thunder, like handsome gynaecea full of fiery princes, of darkness, of incense and of male substance . . .

He who, in time of crisis, arranges for the safeguard of the tall liners held under seal, at the loop of a river the color of iodine and dung-water (and within the limbo of stained glass, in the great saloons sheeted in oblivion, there is an eternity of aloe-green light and forever an underseas world of vigil); he who lingers in the shipyards with people of no account and on the slips the crowds have deserted, after the launching of a great hull, three years in the building; he who has the job of consigning incoming ships; and he, too, who discovers one day the very perfume of his soul in the planking of a new sailboat; he who takes over the equinoctial watch on the ramparts of the docks, on the high, sonorous comb of great dams in the mountains and on the great ocean sluices; he who feels the whole incurable breath of this world suddenly breathed out of the stench of great silos and warehouses of colonial produce, where spice and green grain swell out beneath the wintering moons like creation on its stale bed; he who declares the closure of great congresses of orography, of climatology, and it is the time for visiting the Arboretum and the Aquarium and the prostitutes' district, the gem-cutters and the courts of the great convulsionists . . .

He who opens an account in the bank for the researches of the mind; he who enters the arena of his new creation, uplifted in his whole being and, for three days, no one may look upon his silence save his mother,

sa mère, nul n'a l'accès de sa chambre que la plus vieille des servantes; celui qui mène aux sources sa monture sans y boire lui-même; celui qui rêve, aux selleries, d'un parfum plus ardent que celui de la cire; celui, comme Baber, qui vêt la robe du poète entre deux grandes actions viriles pour révérer la face d'une belle terrasse; celui qui tombe en distraction pendant la dédicace d'une nef, et au tympan sont telles cruches, comme des ouïes, murées pour l'acoustique; celui qui tient en héritage, sur terre de main-morte, la dernière héronnière, avec de beaux ouvrages de vénerie, de fauconnerie; celui qui tient commerce, en ville, de très grands livres: almagestes, portulans et bestiaires; qui prend souci des accidents de phonétique, de l'altération des signes et des grandes érosions du langage; qui participe aux grands débats de sémantique; qui fait autorité dans les mathématiques usuelles et se complaît à la supputation des temps pour le calendrier des fêtes mobiles (le nombre d'or, l'indiction romaine, l'épacte et les grandes lettres dominicales; celui qui donne la hiérarchie aux grands offices du langage; celui à qui l'on montre, en très haut lieu, de grandes pierres lustrées par l'insistance de la flamme . . .

Ceux-là sont princes de l'exil et n'ont que faire de mon chant.»

Étranger, sur toutes grèves de ce monde, sans audience ni témoin, porte à l'oreille du Ponant une conque sans mémoire:

Hôte précaire à la lisière de nos villes, tu ne franchiras point le seuil des Lloyds, où ta parole n'a point cours et ton or est sans titre. . . .

«J'habiterai mon nom», fut ta réponse aux questionnaires du port. Et sur les tables du changeur, tu n'as rien que de trouble à produire,

Comme ces grandes monnaies de fer exhumées par la foudre.

7

«. . . Syntaxe de l'éclair! ô pur langage de l'exil! Lointaine est l'autre rive où le message s'illumine:

Deux fronts de femmes sous la cendre, du même pouce visités; deux ailes de femmes aux persiennes, du même souffle suscitées. . . .

Dormiez-vous cette nuit, sous le grand arbre de phosphore, ô cœur

no one may have access to his room save the oldest of the servants; he who leads his mount to the spring and does not himself drink; he who dreams in the saddlery of a smell more intense than the smell of wax; he who, like Baber, between two great feats of arms, puts on the poet's robe to pay homage to a beautiful terrace; he who becomes absent-minded during the consecration of a nave, and there are crockets in the spandrel, like ears, walled in for the acoustics; he whose inheritance, on land held in mortmain, is the last heronry, with fine volumes on venery and on falconry; he who deals, in the town, in such great books as almagesta, portulans and bestiaries; whose solicitude is for the accidents of phonetics, the alteration of signs and the great erosions of language; who takes part in the great debates on semantics; who is an authority on the lower mathematics and delights in the computation of dates for the calendar of movable feasts (the golden number, the Roman indiction, the epact and the great dominical letters); he who grades the hierarchies in the great rituals of the language; he who is shown, in a most high place, great stones blazed beneath the insistence of flame . . .

Those are the princes of exile; they have no need of my song."

Stranger, on all the shores of the world, without audience or witness, lift to the ear of the West a shell that has no memory:

Precarious guest on the outskirts of our cities, you shall not cross the threshold of Lloyd's where your word has no currency and your gold no standard. . . .

"I shall live in my name," was your answer to the questionnaire of the port authority. And at the money-changer's you have nothing to show but that which is suspect,

Like those great iron coinages laid bare by lightning.

7

". . . Syntax of lightning! O pure speech of exile! Far is that other shore where the message lights up:

Two women, their foreheads signed with ashes by the same thumb; two women, at the slatted blinds, their wings upraised on the same breath. . . .

Were you asleep that night, under the great phosphorus tree, O heart

d'orante par le monde, ô mère du Proscrit, quand dans les glaces de la chambre fut imprimée sa face?

Et toi plus prompte sous l'éclair, ô toi plus prompte à tressaillir sur l'autre rive de son âme, compagne de sa force et faiblesse de sa force, toi dont le souffle au sien fut à jamais mêlé,

T'assiéras-tu encore sur sa couche déserte, dans le hérissement de ton âme de femme?

L'exil n'est point d'hier! l'exil n'est point d'hier! . . . Exècre, ô femme, sous ton toit un chant d'oiseau de Barbarie. . . .

Tu n'écouteras point l'orage au loin multiplier la course de nos pas sans que ton cri de femme, dans la nuit, n'assaille encore sur son aire l'aigle équivoque du bonheur!»

. . . Tais-toi, faiblesse, et toi, parfum d'épouse dans la nuit comme l'amande même de la nuit.

Partout errante sur les grèves, partout errante sur les mers, tais-toi, douceur, et toi présence gréée d'ailes à hauteur de ma selle.

Je reprendrai ma course de Numide, longeant la mer inaliénable . . . Nulle verveine aux lèvres, mais sur la langue encore, comme un sel, ce ferment du vieux monde.

Le nitre et le natron sont thèmes de l'exil. Nos pensers courent à l'action sur des pistes osseuses. L'éclair m'ouvre le lit de plus vastes desseins. L'orage en vain déplace les bornes de l'absence.

Ceux-là qui furent se croiser aux grandes Indes atlantiques, ceux-là qui flairent l'idée neuve aux fraîcheurs de l'abîme, ceux-là qui soufflent dans les cornes aux portes du futur

Savent qu'aux sables de l'exil sifflent les hautes passions lovées sous le fouet de l'éclair. . . . Ô Prodigue sous le sel et l'écume de Juin! garde vivante parmi nous la force occulte de ton chant!

Comme celui qui dit à l'émissaire, et c'est là son message: «Voilez la face de nos femmes; levez la face de nos fils; et la consigne est de laver la pierre de vos seuils. . . . Je vous dirai tout bas le nom des sources où, demain, nous baignerons un pur courroux.»

❖

Et c'est l'heure, ô Poète, de décliner ton nom, ta naissance, et ta race. . . .

of prayers about the world, O mother of the Proscript, when his likeness was stamped on the mirrors in your room?

And you more swift beneath the lightning, O you more swift to spring up in answer on the other shore of his soul, companion of his strength and weakness of his strength, you whose breathing was with his forever mingled,

Will you then sit on his deserted bed, amid the shuddering of your woman's soul?

Exile is not of yesterday! exile is not of yesterday! . . . O woman! Loathe that song a Barbary bird sings beneath your roof. . . .

You shall not hear the storm far off multiplying the flight of our feet but that your woman's cry in the night assault once more in his eyrie the ambiguous eagle of happiness!"

. . . Be silent, weakness, and you, beloved fragrance in the night like the very almond of night.

Wandering all over the shores, wandering all over the seas, be silent, gentleness, and you, presence, arrayed with wings at my saddle's height.

I shall resume my Numidian flight, skirting the inalienable sea. . . . No vervain on the lips, but still on the tongue, like a salty substance, this ferment of the old world.

Nitre and natron are themes of exile. Our thoughts run to action on bony tracks. Lightning lays bare to me the bed of immense designs. In vain the storm removes the bourns of absence.

Those who went on their quest to the great Atlantic Indies, those who scent the new idea in the freshness risen from the abyss, those who blow with horns at the gates of the future

Know that on the sands of exile there hiss the high passions coiled beneath the lightning's whip. . . . O Prodigal in the salt and foam of June! keep alive in our midst the occult power of your song!

Like him who says to the emissary, and this is his message: "Veiled be the faces of our women; raised be the faces of our sons; and the order is: wash the stone of your sills. . . . I shall whisper low the name of the springs in which tomorrow we shall plunge a pure wrath."

❖

And the time is come, O Poet, to declare your name, your birth, and your race. . . .

DENIS DEVLIN

# Pluies

*À Katherine et Francis Biddle*

## 1

Le banyan de la pluie prend ses assises sur la Ville,
  Un polypier hâtif monte à ses noces de corail dans tout ce lait d'eau vive,
  Et l'Idée nue comme un rétiaire peigne aux jardins du peuple sa crinière de fille.

Chante, poème, à la criée des eaux l'imminence du thème,
Chante, poème, à la foulée des eaux l'évasion du thème:
Une haute licence aux flancs des Vierges prophétiques,

Une éclosion d'ovules d'or dans la nuit fauve des vasières
Et mon lit fait, ô fraude! à la lisière d'un tel songe,
Là où s'avive et croît et se prend à tourner la rose obscène du poème.

. . .

## 7

«Innombrables sont nos voies, et nos demeures incertaines. Tel s'abreuve au divin dont la lèvre est d'argile. Vous, laveuses des morts dans les eaux-mères du matin—et c'est la terre encore aux ronces de la guerre—lavez aussi la face des vivants! lavez, ô Pluies! la face triste des violents, la face douce des violents . . . car leurs voies sont étroites, et leurs demeures incertaines.

«Lavez, ô Pluies! un lieu de pierre pour les forts. Aux grandes tables s'assiéront, sous l'auvent de leur force, ceux que n'a point grisés le vin des hommes, ceux que n'a point souillés le goût des larmes ni du songe, ceux-là qui n'ont point cure de leur nom dans les trompettes d'os . . . aux grandes tables s'assiéront, sous l'auvent de leur force, en lieu de pierre pour les forts.

# Rains

*To Katherine and Francis Biddle*

1

The banyan of the rain takes hold of the City,
A hurried polyp rises to its coral wedding in all this milk of living water,
And Idea, naked like a net-fighter, combs her girl's mane in the people's gardens.

Sing, poem, at the opening cry of the waters the imminence of the theme,
Sing, poem, at the milling of the waters the evasion of the theme:
High license in the flanks of the prophetic Virgins,

Hatching of golden ovules in the tawny night of the slime
And my bed made, O fraud! on the edge of such a dream,
Where the poem, obscene rose, quickens and grows and unfurls.

.     .     .

7

"Innumerable are our paths and our dwellings uncertain. He drinks of divinity whose lip is of clay. You, washers of the dead in the mother-waters of morning—and it is earth still among the thorns of war—wash too the faces of the living; wash, O Rains! the sorrowful faces of the violent, the gentle faces of the violent . . . for their paths are narrow and their dwellings uncertain.

"Wash, O Rains! a stone place for the strong. At the great tables shall they sit, beneath the eaves of their strength, those whom the wine of men has not made drunk, those whom the taste of tears and of dream has not defiled, those who care nothing for their name in the bone trumpets . . . at the great tables shall they sit, beneath the eaves of their strength, in a stone place for the strong.

«Lavez le doute et la prudence au pas de l'action, lavez le doute et la décence au champ de la vision. Lavez, ô Pluies! la taie sur l'œil de l'homme de bien, sur l'œil de l'homme bien pensant; lavez la taie sur l'œil de l'homme de bon goût, sur l'œil de l'homme de bon ton; la taie de l'homme de mérite, la taie de l'homme de talent; lavez l'écaille sur l'œil du Maître et du Mécène, sur l'œil du Juste et du Notable . . . sur l'œil des hommes qualifiés par la prudence et la décence.

«Lavez, lavez la bienveillance au cœur des grands Intercesseurs, la bienséance au front des grands Educateurs, et la souillure du langage sur des lèvres publiques. Lavez, ô Pluies, la main du Juge et du Prévôt, la main de l'accoucheuse et de l'ensevelisseuse, les mains léchées d'infirmes et d'aveugles, et la main basse, au front des hommes, qui rêve encore de rênes et du fouet . . . avec l'assentiment des grands Intercesseurs, des grands Educateurs.

«Lavez, lavez l'histoire des peuples aux hautes tables de mémoire: les grandes annales officielles, les grandes chroniques du Clergé et les bulletins académiques. . . . Lavez les bulles et les chartes, et les Cahiers du Tiers-État; les Covenants, les Pactes d'alliance et les grands actes fédératifs; lavez, lavez, ô Pluies! tous les vélins et tous les parchemins, couleur de murs d'asiles et de léproseries, couleur d'ivoire fossile et de vieilles dents de mules. . . . Lavez, lavez, ô Pluies! les hautes tables de mémoire.

«Ô Pluies! lavez au cœur de l'homme les plus beaux dits de l'homme: les plus belles sentences, les plus belles séquences; les phrases les mieux faites, les pages les mieux nées. Lavez, levez, au cœur des hommes, leur goût de cantilènes, d'élégies; leur goût de vilanelles et de rondeaux; leurs grands bonheurs d'expression; lavez le sel de l'atticisme et le miel de l'euphuisme, lavez, lavez la literie du songe et la litière du savoir: au cœur de l'homme sans refus, au cœur de l'homme sans dégoût, lavez, lavez, ô Pluies! les plus beaux dons de l'homme . . . au cœur des hommes les mieux doués pour les grandes œuvres de raison.»

"Wash doubt and prudence from the path of action, wash doubt and modesty from the field of vision. Wash, O Rains! the film from the eye of the upright man, from the eye of the right-thinking man; wash the film from the eye of the man of good taste, from the eye of the man of good form; the film from the man of merit, the film from the man of talent; wash the scales from the eye of the Great Master and of the Patron of the Arts, from the eye of the just man and of the man of standing . . . from the eye of the men well qualified by prudence and modesty.

"Wash, wash benevolence from the heart of the great Intercessors, seemliness from the forehead of the great Educators, and defilement of speech from the public lips. Wash, O Rains! the hand of the Judge and of the Provost, the hand of the midwife and of the layer-out, the hand licked by the sick and the blind, and the iron hand on the foreheads of men, dreaming still of reins and whip . . . with the assent of the great Intercessors of the great Educators.

"Wash, wash the peoples' history from the tall tables of memory: the great official annals, the great Chronicles of the Clergy, the bulletins of the Academies. . . . Wash bulls and charters, and the Memorials of the Third Estate; Covenants, Pacts of Alliance and the great Acts of Federation; wash, wash, O Rains! all the vellums and parchments, colored like the walls of asylums and Lazar-houses, colored like fossil ivory and old mules' teeth. . . . Wash, wash, O Rains! the tall tables of memory.

"O Rains! wash from the heart of man the most beautiful sayings of man: the most beautiful sentence, the most beautiful sequence; the well-turned phrase, the noble page. Wash, wash, from the hearts of men their taste for roundelays and for elegies; their taste for villanelles and rondeaux; their great felicities of expression; wash Attic salt and euphuist honey, wash, wash, the bedding of dream and the litter of knowledge: from the heart of the man who makes no refusals, from the heart of the man who has no disgusts, wash, wash, O Rains! the most beautiful gifts of man . . . from the hearts of men most gifted for the great works of reason."

«. . . Le banyan de la pluie perd ses assises sur la Ville. Au vent du ciel la chose errante et telle

Qu'elle s'en vint vivre parmi nous! . . . Et vous ne nierez pas, soudain, que tout nous vienne à rien.

Qui veut savoir ce qu'il advient des pluies en marche sur la terre, s'en vienne vivre sur mon toit, parmi les signes et présages.

Promesses non tenues! Inlassables semailles! Et fumées que voilà sur la chaussée des hommes!

Vienne l'éclair, ha! qui nous quitte! . . . Et nous reconduirons aux portes de la Ville

Les hautes Pluies en marche sous l'Avril, les hautes Pluies en marche sous le fouet comme un Ordre de Flagellants.

Mais nous voici livrés plus nus à ce parfum d'humus et de benjoin où s'éveille la terre au goût de vierge noire.

. . . C'est la terre plus fraîche au cœur des fougeraies, l'affleurement des grands fossiles aux marnes ruisselantes,

Et dans la chair navrée des roses après l'orage, la terre, la terre encore au goût de femme faite femme.

. . . C'est la Ville plus vive aux feux de mille glaives, le vol des sacres sur les marbres, le ciel encore aux vasques des fontaines,

Et la truie d'or à bout de stèle sur les places désertes. C'est la splendeur encore aux porches de cinabre; la bête noire ferrée d'argent à la plus basse porte des jardins;

C'est le désir encore au flanc des jeunes veuves, des jeunes veuves de guerriers, comme de grandes urnes rescellées.

. . . C'est la fraîcheur courant aux crêtes du langage, l'écume encore aux lèvres du poème,

Et l'homme encore de toutes parts pressé d'idées nouvelles, qui cède au soulèvement des grandes houles de l'esprit:

«Le beau chant, le beau chant que voilà sur la dissipation des eaux! . . .» et mon poème, ô Pluies! qui ne fut pas écrit!

# 8

". . . The banyan of the rain loses its hold on the City. Wandering thing on the winds of heaven,

And so it came to live among us! . . . And you will not deny that it's all suddenly come to nothing with us.

He who would know what becomes of the rains striding over the earth, let him come and live on my roof, among the signs and the portents.

Unkept promises! ceaseless sowings of seed! And smoke-curves there on the highway of men!

Let the lightning come, ah! it leaves us! . . . And at the City gates we shall usher out

The tall Rains striding under April, the tall Rains striding under the whip like an Order of Flagellants.

But see us now delivered more naked to this smell of mold and benzoin where the black-virgin earth awakens.

. . . It is earth fresher in the heart of the fern-brakes, the rising of great fossils flush with dripping marls,

And in the harrowed flesh of roses after the storm, earth, earth again with the taste of woman made woman.

. . . It is the City livelier in the fires of a thousand sword-blades, the flight of hawks over the marbles, sky in the fountain basins again,

And the golden sow on its column in the deserted squares. It is splendor again on the portals of cinnabar; black beast shod with silver at the lowest gate of the garden;

It is desire again in the flanks of the young widows, young widows of warriors, like great urns resealed.

. . . It is freshness running along the summits of speech, foam again at the lips of the poem,

And man, once more beset with new ideas from all sides, who surrenders to the upheaval of the great surges of mind:

"The beautiful song, the beautiful song, there, above the vanishing waters! . . ." and my poem, O Rains! which was not written!

## 9

La nuit venue, les grilles closes, que pèse l'eau du ciel au bas-empire des taillis?

À la pointe des lances le plus clair de mon bien! . . . Et toutes choses égales, au fléau de l'esprit,

Seigneur terrible de mon rire, vous porterez ce soir l'esclandre en plus haut lieu.

✦

. . . Car telles sont vos délices, Seigneur, au seuil aride du poème, où mon rire épouvante les paons verts de la gloire.

## 9

Night come, the gates closed, what does sky-water weigh in the lower empire of the copeswood?

At the points of the lances, my share of the world! . . . And all things equal, on the scales of the mind,

Terrible Lord of my laughter, you will expose the scandal tonight in higher places.

. . . For such, O Lord, are your delights, at the arid threshold of the poem, where my laughter scares the green peacocks of fame.

DENIS DEVLIN

# Neiges

*À Françoise-Renée Saint-Leger Leger*

1

Et puis vinrent les neiges, les premières neiges de l'absence, sur les grands lés tissés du songe et du réel; et toute peine remise aux hommes de mémoire, il y eut une fraîcheur de linges à nos tempes. Et ce fut au matin, sous le sel gris de l'aube, un peu avant la sixième heure, comme en un havre de fortune, un lieu de grâce et de merci où licencier l'essaim des grandes odes du silence.

Et toute la nuit, à notre insu, sous ce haut fait de plume, portant très haut vestige et charge d'âmes, les hautes villes de pierre ponce forées d'insectes lumineux n'avaient cessé de croître et d'exceller, dans l'oubli de leur poids. Et ceux-là seuls en surent quelque chose, dont la mémoire est incertaine et le récit est aberrant. La part que prit l'esprit à ces choses insignes, nous l'ignorons.

Nul n'a surpris, nul n'a connu, au plus haut front de pierre, le premier affleurement de cette heure soyeuse, le premier attouchement de cette chose fragile et très futile, comme un frôlement de cils. Sur les revêtements de bronze et sur les élancements d'acier chromé, sur les moellons de sourde porcelaine et sur les tuiles de gros verre, sur la fusée de marbre noir et sur l'éperon de métal blanc, nul n'a surpris, nul n'a terni

cette buée d'un souffle à sa naissance, comme la première transe d'une lame mise à nu. . . . Il neigeait, et voici, nous en dirons merveilles: l'aube muette dans sa plume, comme une grande chouette fabuleuse en proie aux souffles de l'esprit, enflait son corps de dahlia blanc. Et de tous les côtés il nous était prodige et fête. Et le salut soit sur la face des terrasses, où l'Architecte, l'autre été, nous a montré des œufs d'engoulevent!

# Snows

*To Françoise-Renée Saint-Leger Leger*

1

And then came the snows, the first snows of absence, on the great linens of dream and reality interwoven; and, all affliction lifted from men of memory, there was a freshness of linen cloths at our temples. And it was at morning, beneath the gray salt of dawn, a little before the sixth hour, as in a chance haven, a place of grace and of mercy for releasing the swarms of the great odes of silence.

And all night long, unknown to us, under this lofty feat of feathers, bearing aloft the souls' vestiges, the souls' burden, lofty pumice stone cities bored through by luminous insects had not ceased growing, transcendent, forgetful of their weight. And those alone knew something of it, whose memories are uncertain, whose stories aberrant. What part the mind played in these notable things, that we know not.

None has surprised, none has known, at the highest stone frontal, the first alighting of this silken hour, the first light touch of this thing, fragile and so trifling, like a fluttering of eyelashes. On bronze revetments and on soaring chromium steel, on heavy blocks of mute porcelain and on thick glass tiles, on rocket of black marble and on white metal spur, none has surprised, none has tarnished

that mist of breath at its birth like the first shiver of a sword bared. . . . It snowed, and behold, we shall tell the wonder of it: how dawn silent in its feathers, like a great fabulous owl under the breath of the spirit, swelled out in its white dahlia body. And from all sides there came upon us marvel and festival. And let there be salutation upon the surface of the terraces, where the Architect, that summer, showed us the eggs of nighthawks!

## 4

Seul à faire le compte, du haut de cette chambre d'angle qu'environne un Océan de neiges.—Hôte précaire de l'instant, homme sans preuve ni témoin, détacherai-je mon lit bas comme une pirogue de sa crique? . . . Ceux qui campent chaque jour plus loin du lieu de leur naissance, ceux qui tirent chaque jour leur barque sur d'autres rives, savent mieux chaque jour le cours des choses illisibles; et remontant les fleuves vers leur source, entre les vertes apparences, il sont gagnés soudain de cet éclat sévère où toute langue perd ses armes.

Ainsi l'homme mi-nu sur l'Océan des neiges, rompant soudain l'immense libration, poursuit un singulier dessein où les mots n'ont plus prise. Épouse du monde ma présence, épouse du monde ma prudence! . . . Et du côté des eaux premières me retournant avec le jour, comme le voyageur, à la néoménie, dont la conduite est incertaine et la démarche est aberrante, voici qui j'ai dessein d'errer parmi les plus vieilles couches du langage, parmi les plus hautes tranches phonétiques: jusqu'à des langues très lointaines, jusqu'à des langues très entières et très parcimonieuses,

comme ces langues dravidiennes qui n'eurent pas de mots distincts pour «hier» et pour «demain.» . . . Venez et nous suivez, qui n'avons mots à dire: nous remontons ce pur délice sans graphie où court l'antique phrase humaine; nous nous mouvons parmi de claires élisions, des résidus d'anciens préfixes ayant perdu leur initiale, et devançant les beaux travaux de linguistique, nous nous frayons nos voies nouvelles jusqu'à ces locutions inouïes, où l'aspiration recule au delà des voyelles et la modulation du souffle se propage, au gré de telles labiales mi-sonores, en quête de pures finales vocaliques.

. . . Et ce fut au matin, sous le plus pur vocable, un beau pays sans haine ni lésine, un lieu de grâce et de merci pour la montée des sûrs présages de l'esprit; et comme un grand Ave de grâce sur nos pas, la grande roseraie blanche de toutes neiges à la ronde. . . . Fraîcheur d'ombelles, de corymbes, fraîcheur d'arille sous la fève, ha! tant d'azyme

# 4

I, only accountant, from the height of this corner room surrounded by
an Ocean of snows.—Precarious quest of the moment, man without
proof or witness, shall I unmoor my low bed like a canoe from its
cove? . . . Those who, each day, pitch camp farther from their birth-
place, those who, each day, haul in their boat on other banks, know
better, day by day, the course of illegible things; and tracing the rivers
towards their source, through the green world of appearances they are
caught up suddenly into that harsh glare where all language loses its
power.

Thus man, half naked on the Ocean of the snows, suddenly breaking
asunder the vast libration, follows a singular design in which words
cease to take hold. Spouse of the world, my presence, spouse of the
world, my prudence! . . . And turning with the day towards the pri-
mal waters, like the traveller, at new moon, whose direction is uncertain
and whose gait is aberrant, it is my design, now to wander among the
oldest layers of speech, among the farthest phonetic strata: as far as
the most far-off languages, as far as the most whole and most parsi-
monious languages,

like those Dravidian languages which had no distinct words for
"yesterday" and "tomorrow." . . . Come and follow us, who have no
words to say: ascending that pure unwritten delight where runs the
ancient human phrase, we move about among clear elisions, the residues
of old prefixes that have lost their initial, and, preceding the master
works in linguistics, we clear our new ways to those unheard-of locu-
tions where the aspiration withdraws behind its vowels and the modu-
lation of the breath spreads out, under the sway of certain half-voiced
labials, in search of pure vocalic finals.

. . . And it was at morning, beneath the purest of wordforms, a
beautiful country without hatred or meanness, a place of grace and of
mercy for the ascension of the unfailing presages of the mind; and like
a great *Ave* of grace on our path, the great white rose-garden of all the
snows all around. . . . Freshness of umbels, of corymbs, freshness of

encore aux lèvres de l'errant! . . . Quelle flore nouvelle, en lieu plus libre, nous absout de la fleur et du fruit? Quelle navette d'os aux mains des femmes de grand âge, quelle amande d'ivoire aux mains des femmes de jeune âge

nous tissera linge plus frais pour la brûlure des vivants? . . . Épouse du monde notre patience, épouse du monde notre attente! . . . Ah! tout l'hièble du songe à même notre visage! Et nous ravisse encore, ô monde! ta fraîche haleine de mensonge! . . . Là où les fleuves encore sont guéables, là où les neiges encore sont guéables, nous passerons ce soir une âme non guéable. . . . Et au delà sont les grands lés du songe, et tout ce bien fongible où l'être engage sa fortune. . . .

Désormais cette page où plus rien ne s'inscrit.

aril under the bean, ah! such a wafer-thin taste on the lips of the wanderer! . . . What new flora, in a freer place, absolves us from the fruit? What bone shuttle in the hands of very old women, what ivory almond in the hands of very young women

will weave us fresher linen for the burns of the living? . . . Spouse of the world, our patience, spouse of the world, our vigil! . . . Ah, all the dwarf-elder of dream against our faces! And once again, O world! may your fresh breath of falsehood ravish us! . . . There where the rivers are still fordable, there where the snows are still fordable, we shall pass on, this night, an unfordable soul. . . . And beyond are the great linens of dream and all that fungible wealth in which man involves his fate. . . .

Henceforth this page on which no more is written.

DENIS DEVLIN

# Vents

## I

### 1

C'étaient de très grands vents sur toutes faces de ce monde,
    De très grands vents en liesse par le monde, qui n'avaient d'aire ni de gîte,
    Qui n'avaient garde ni mesure, et nous laissaient, hommes de paille,
    En l'an de paille sur leur erre. . . . Ah! oui, de très grands vents sur toutes faces de vivants!

    Flairant la pourpre, le cilice, flairant l'ivoire et le tesson, flairant le monde entier des choses,
    Et qui couraient à leur office sur nos plus grands versets d'athlètes, de poètes,
    C'étaient de très grands vents en quête sur toutes pistes de ce monde,
    Sur toutes choses périssables, sur toutes choses saisissables, parmi le monde entier des choses. . . .

    Et d'éventer l'usure et la sécheresse au cœur des hommes investis,
    Voici qu'ils produisaient ce goût de paille et d'aromates, sur toutes places de nos villes,
    Comme au soulèvement des grandes dalles publiques. Et le cœur nous levait
    Aux bouches mortes des Offices. Et le dieu refluait des grands ouvrages de l'esprit.

    Car tout un siècle s'ébruitait dans la sécheresse de sa paille, parmi d'étranges désinences: à bout de cosses, de siliques, à bout de choses frémissantes,
    Comme un grand arbre sous ses hardes et ses haillons de l'autre hiver, portant livrée de l'année morte;
    Comme un grand arbre tressaillant dans ses crécelles de bois mort et ses corolles de terre cuite—
    Très grand arbre mendiant qui a fripé son patrimoine, face brûlée d'amour et de violence où le désir encore va chanter.

# Winds

1

These were very great winds over all the faces of this world,

Very great winds rejoicing over the world, having neither eyrie nor resting-place,

Having neither care nor caution, and leaving us, in their wake,

Men of straw in the year of straw. . . . Ah, yes, very great winds over all the faces of the living!

Scenting out the purple, the haircloth, scenting out the ivory and the potsherd, scenting out the entire world of things,

And hurrying to their duties upon our greatest verses, verses of athletes and poets,

These were very great winds questing over all the trails of this world,

Over all things perishable, over all things graspable, throughout the entire world of things. . . .

And airing out the attrition and drought in the heart of men in office,

Behold, they produced this taste of straw and spices, in all the squares of our cities,

As it is when the great public slabs are lifted up. And our gorge rose

Before the dead mouths of the Offices. And divinity ebbed from the great works of the spirit.

For a whole century was rustling in the dry sound of its straw, amid strange terminations at the tips of husks of pods, at the tips of trembling things,

Like a great tree in its rags and remnants of last winter, wearing the livery of the dead year,

Like a great tree shuddering in its rattles of dead wood and its corollas of baked clay—

Very great mendicant tree, its patrimony squandered, its countenance seared by love and violence whereon desire will sing again.

«Ô toi, désir, qui vas chanter . . .» Et ne voilà-t-il pas déjà toute ma page elle-même bruissante,

Comme ce grand arbre de magie sous sa pouillerie d'hiver: vain de son lot d'icônes, de fétiches,

Berçant dépouilles et spectres de locustes; léguant, liant au vent du ciel filiales d'ailes et d'essaims, lais et relais du plus haut verbe—

Ha! très grand arbre du langage peuplé d'oracles, de maximes et murmurant murmure d'aveugle-né dans les quinconces du savoir . . .


## II

### 1

. . . Des terres neuves, par là-bas, dans un très haut parfum d'humus et de feuillages,

Des terres neuves, par là-bas, sous l'allongement des ombres les plus vastes de ce monde,

Toute la terre aux arbres, par là-bas, sur fond de vignes noires, comme une Bible d'ombre et de fraîcheur dans le déroulement des plus beaux textes de ce monde.

Et c'est naissance encore de prodiges, fraîcheur et source de fraîcheur au front de l'homme mémorable.

Et c'est un goût de choses antérieures, comme aux grands Titres préalables l'évocation des sources et des gloses,

Comme aux grands Livres de Mécènes les grandes pages liminaires— la dédicace au Prince, et l'Avant-dire, et le Propos du Préfacier.

. . . Des terres neuves, par là-haut, comme un parfum puissant de grandes femmes mûrissantes,

Des terres neuves, par là-haut, sous la montée des hommes de tout âge, chantant l'insigne mésalliance,

Toute la terre aux arbres, par là-haut, dans le balancement de ses plus beaux ombrages, ouvrant sa tresse la plus noire et l'ornement grandiose

"O thou, desire, who art about to sing . . ." And does not my whole page itself already rustle,

Like that great magical tree in its winter squalor, proud of its portion of icons and fetishes,

Cradling the shells and specters of locusts; bequeathing, relaying to the wind of heaven affiliations of wings and swarmings, tide marks of the loftiest Word—

Ah! very great tree of language, peopled with oracles and maxims, and murmuring the murmur of one born blind among the quincunxes of knowledge . . .


## II

### 1

. . . New lands, out there, in their very lofty perfume of humus and foliage,

New lands, out there, under the lengthening of this world's widest shadows,

All the land of trees, out there, on a background of black vines, like a Bible of shadow and freshness in the unrolling of this world's most beautiful texts.

And once more there is birth of prodigious things, freshness and source of freshness on the brow of man, the immemorial.

And there is a taste of things anterior, like the evocation of sources and commentaries for the great preliminary Titles,

Like the great prefatory pages for the great Books of Maecenas—the Dedication to the Prince, and the Foreword, and the Authority's Introduction.

. . . New lands, up there, like a powerful perfume of tall women ripening,

New lands, up there, beneath the ascent of men of every age, singing the signal misalliance,

All the land of trees, up there, in the swaying of its most beautiful shades, opening the blackest of its tresses and the imposing ornament of

de sa plume, comme un parfum de chair nubile et forte au lit des plus
beaux êtres de ce monde.

Et c'est une fraîcheur d'eaux libres et d'ombrages, pour la montée des
hommes de tout âge, chantant l'insigne mésalliance,
Et c'est une fraîcheur de terres en bas âge, comme un parfum des
choses de toujours, de ce côté des choses de toujours,
Et comme un songe prénuptial où l'homme encore tient son rang, à
la lisière d'un autre âge, interprétant la feuille noire et les arborescences
du silence dans de plus vastes syllabaires.

Toute la terre nouvelle par là-haut, sous son blason d'orage, portant
cimier de filles blondes et l'empennage du Sachem,
Toute la terre nubile et forte, au pas de l'Étranger, ouvrant sa fable
de grandeur aux songes et fastes d'un autre âge,
Et la terre à longs traits, sur ses plus longues laisses, courant, de mer
à mer, à de plus hautes écritures, dans le déroulement lointain des plus
beaux textes de ce monde.

❖

Là nous allions, la face en Ouest, au grondement des eaux nouvelles.
Et c'est naissance encore de prodiges sur la terre des hommes. Et ce n'est
pas assez de toutes vos bêtes peintes, Audubon! qu'il ne m'y faille encore
mêler quelques espèces disparues: le Ramier migrateur, le Courlis
boréal et le Grand Auk. . . .
Là nous allions, de houle en houle, sur les degrés de l'Ouest. Et la nuit
embaumait les sels noirs de la terre, dès la sortie des Villes vers les
pailles, parmi la chair tavelée des femmes de plein air. Et les femmes
étaient grandes, au goût de seigles et d'agrumes et de froment moulé à
l'image de leur corps.
Et nous vous dérobions, ô filles, à la sortie des salles, ce mouvement
encore du soir dans vos chevelures libres—tout ce parfum d'essence et
de sécheresse, votre aura, comme une fulguration d'ailleurs. . . . Et vos
jambes étaient longues et telles qu'elles nous surprennent en songe, sur
les sables, dans l'allongement des feux du soir. . . . La nuit qui chante
aux lamineries des Villes n'étire pas chiffre plus pur pour les ferron-
neries d'un très haut style.

its plumage, like a perfume of flesh, nubile and vigorous, in the bed of this world's most beautiful beings.

And there is a freshness of free waters, of shades, for the ascent of men of every age, singing the signal misalliance,
And there is a freshness of lands in infancy, like a perfume of things everlasting, on this side of everlasting things,
And like a prenuptial dream wherein man, on the verge of another age, retains his rank, interpreting the black leaf and the arborescences of silence in vaster syllabaries.

All the land, up there, new beneath its blazonry of storm, wearing the crest of golden girls and the feathered head-dress of the Sachem,
All the nubile and vigorous land, at the step of the Stranger, opening up the fable of its grandeur to the dreams and pageantries of another age,
And the land in its long lines, on its longest strophes, running, from sea to sea, to loftier scriptures, in the distant unrolling of this world's most beautiful texts.

❖

Thither were we going, westward-faced, to the roaring of new waters. And once more there is birth of prodigious things in the land of men. And all your painted birds are not enough, O Audubon, but I must still add to them some species now extinct: the Passenger-Pigeon, the Northern Curlew, and the Great Auk. . . .

Thither were we going, from swell to swell, along the Western degrees. And, from the outskirts of the cities towards the stubble-fields, amidst the freckled flesh of women of the open air, the night was fragrant with the black salts of the land. And the women were tall, with the taste of citrus and rye, and of wheat molded in the image of their bodies.

And from you, O girls, at the doors of the halls, we ravished that continuous stir of evening in your freebreathing hair—all that odor of heat and dryness, your aura, like a flash of light from elsewhere. . . . And your legs were long and like those that surprise us in dreams, on the sands, in the lengthening out of the day's last rays. . . . Night, singing among the rolling-mills of the cities, draws forth no purer cipher for the ironwork of a lofty style.

Et qui donc a dormi cette nuit? Les grands rapides sont passés, courant aux fosses d'un autre âge avec leur provision de glace pour cinq jours. Ils s'en allaient contre le vent, bandés de métal blanc, comme des athlètes vieillissants. Et tant d'avions les prirent en chasse, sur leurs cris! . . .

Les fleuves croissent dans leurs crues! Et la fusée des routes vers l'amont nous tienne hors de souffle! . . . Les Villes à sens unique tirent leur charge à bout de rues. Et c'est ruée encore de filles neuves à l'An neuf, portant, sous le nylon, l'amande fraîche de leur sexe.

Et c'est messages sur tous fils, et c'est merveilles sur toutes ondes. Et c'est d'un même mouvement à tout ce mouvement lié, que mon poème encore dans le vent, de ville en ville et fleuve en fleuve, court aux plus vastes houles de la terre, épouses elles-mêmes et filles d'autres houles. . . .

### III

#### 4

. . . Mais c'est de l'homme qu'il s'agit! Et de l'homme lui-même quand donc sera-t-il question?—Quelqu'un au monde élèvera-t-il la voix?

Car c'est de l'homme qu'il s'agit, dans sa présence humaine; et d'un agrandissement de l'œil aux plus hautes mers intérieures.

Se hâter! se hâter! témoignage pour l'homme!

❖

. . . Et le Poète lui-même sort de ses chambres millénaires:
Avec la guêpe terrière et l'Hôte occulte de ses nuits,
Avec son peuple de servants, avec son peuple de suivants—
Le Puisatier et l'Astrologue, le Bûcheron et le Saunier,
Le Savetier, le Financier, les Animaux malades de la peste,
L'Alouette et ses petits et le Maître du champ, et le Lion amoureux,
et le Singe montreur de lanterne magique.

. . . Avec tous hommes de patience, avec tous hommes de sourire,
Les éleveurs de bêtes de grand fond et les navigateurs de nappes souterraines,

And who, then, has been to sleep this night? The great expresses have gone by, hastening to the chasms of another age, with their supply of ice for five days. They were running against the wind, strapped with white metal, like aging athletes. And, on their cries, so many airplanes gave chase! . . .

Let the rivers increase in their risings! And the roads that go rocketing upwards hold us breathless! . . . The one-way Cities haul their loads to the open roads. And once more there is a rush of new girls to the New Year, wearing, under the nylon, the fresh almond of their sex.

And there are messages on every wire, marvels on every wave. And in this same movement, to all this movement joined, my poem, continuing in the wind, from city to city and river to river, flows onward with the highest waves of the earth, themselves wives and daughters of other waves. . . .


### III


### 4

. . . But man is in question! So when will it be a question of man himself?—Will someone in the world raise his voice?

For man is in question, in his human presence; and the eye's enlargement over the loftiest inner seas.

Make haste! make haste! testimony for man!

❖

. . . And the Poet himself comes out of his millennial rooms:

With the digger wasp and the occult Guest of his nights,

With his tribe of attendants, with his tribe of followers—

The Welldigger and the Astrologer, the Woodcutter and the Saltmaker,

The Cobbler, the Financier, "the Animals ill with plague,"

"The Lark and its young and the Master of the field," and "the Enamored Lion" and "the Monkey, a magic lantern showman."


. . . With all men of patience, with all men of smiles,

Breeders of deep-sea beasts and navigators of sheets of underground waters,

Les assembleurs d'images dans les grottes et les sculpteurs de vulves à fond de cryptes,

Les grands illuminés du sel et de la houille, ivres d'attente et d'aube dans les mines; et les joueurs d'accordéon dans les chaufferies et dans les soutes;

Les enchanteurs de bouges prophétiques, et les meneurs secrets de foules à venir, les signataires en chambre de chartes révolutionnaires,

Et les animateurs insoupçonnés de la jeunesse, instigateurs d'écrits nouveaux et nourriciers au loin de visions stimulantes.

. . . Avec tous hommes de douceur, avec tous hommes de sourire sur les chemins de la tristesse,

Les tatoueurs de Reines en exil et les berceurs de singes moribonds dans les bas-fonds de grands hôtels,

Les radiologues casqués de plomb au bord des lits de fiançailles,

Et les pêcheurs d'éponges en eaux vertes, frôleurs de marbres filles et de bronzes latins,

Les raconteurs d'histoires en forêt parmi leur audience de chanterelles, de bolets, les siffloteurs de «blues» dans les usines secrètes de guerre et les laboratoires,

Et le magasinier des baraquements polaires, en chaussons de castor, gardien des lampes d'hivernage et lecteur de gazettes au soleil de minuit.

. . . Avec tous hommes de douceur, avec tous hommes de patience aux chantiers de l'erreur,

Les ingénieurs en balistique, escamoteurs sous roche de basiliques à coupoles,

Les manipulateurs de fiches et manettes aux belles tables de marbre blanc, les vérificateurs de poudres et d'artifices, et correcteurs de chartes d'aviation,

Le Mathématicien en quête d'une issue au bout de ses galeries de glaces, et l'Algébriste au nœud de ses chevaux de frise; les redresseurs de torts célestes, les opticiens en cave et philosophes polisseurs de verres,

Tous hommes d'abîme et de grand large, et les aveugles de grandes orgues, et les pilotes de granderre, les grands Ascètes épineux dans leur bogue de lumière,

Et le Contemplateur nocturne, à bout de fil, comme l'épeire fasciée.

Assemblers of images in the grottoes and sculptors of vulvas at the bottom of crypts,

Great visionaries of salt and coal, drunk with expectation and dawn down in the mines; and accordion players in the stackholds and the bunkers;

Enchanters in dens of prophecy and secret leaders of crowds to come, signers in garrets of revolutionary charters,

And unsuspected animators of youth, instigators of new writings, and fosterers from afar of stimulating visions.

. . . With all men of gentleness, with all men who smile on the paths of sorrow,

Tattooers of exiled Queens and cradlers of moribund monkeys in the basements of great hotels,

Radiologists helmeted with lead on the edge of betrothal beds,

And sponge-fishermen in green waters, brushing by marble girls and latin bronzes,

The story-tellers in the forest amongst their audience of fungi: chanterelle and boletus, "blues" whistlers in secret war plants and laboratories,

And the warehouse-keeper of polar barracks, in beaver slippers, guardian of winter lamps and reader of gazettes under the midnight sun.

. . . With all men of gentleness, with all men of patience in the workshops of error,

Ballistic engineers, concealers, underground, of turretted basilicas,

Manipulators of switches and keys at the beautiful white marble tables, verifiers of powders and flares, and correctors of aviation charts,

The Mathematician in search of an issue at the end of his mirrored galleries, and the Algebraist at the knot of his chevaux-de-frise; the redressers of celestial wrongs, opticians in cellars and philosophers, polishers of lenses,

All men of abyss and open spaces, and blind players of grand organs, and pilots of high spheres, great Ascetics thorny in their husk of light,

And the nocturnal Contemplator, at a thread's end, like the "fasciated" spider.

. . . Avec son peuple de servants, avec son peuple de suivants, et tout son train de hardes dans le vent, ô sourire, ô douceur,

Le Poète lui-même à la coupée du Siècle!

—Accueil sur la chaussée des hommes, et le vent à cent lieues courbant l'herbe nouvelle.

✧

Car c'est de l'homme qu'il s'agit, et de son renouement.

Quelqu'un au monde n'élèvera-t-il la voix? Témoignage pour l'homme . . .

Que le Poète se fasse entendre, et qu'il dirige le jugement!

## IV

### 1

. . . C'était hier. Les vents se turent.—N'est-il rien que d'humain?

«À moins qu'il ne sa hâte, en perdra trace ton poème . . .» Ô frontière, ô mutisme! Aversion du dieu!

Et les capsules encore du néant dans notre bouche de vivants.

Si vivre est tel, qu'on n'en médise! (le beau recours! . . .) Mais toi n'aille point, ô Vent, rompre ton alliance.

Sinon, c'est tel reflux au désert de l'instant! . . . l'insanité, soudain, du jour sur la blancheur des routes, et, grandissante vers nos pas, à la mesure d'un tel laps,

L'emphase immense de la mort comme un grand arbre jaune devant nous.

Si vivre est tel, qu'on s'en saisisse! Ah! qu'on en pousse à sa limite,

D'une seule et même traite dans le vent, d'une seule et même vague sur sa course,

Le mouvement! . . .

Et certains disent qu'il faut rire—allez-vous donc les révoquer en doute? Ou qu'il faut feindre—les confondre?

Et d'autres s'inscrivent en faux dans la chair de la femme, comme étroitement l'Indien, dans sa pirogue d'écorce, pour remonter le fleuve vagissant jusqu'en ses bras de fille, vers l'enfance.

. . . With his tribe of attendants, with his tribe of followers, and all his train of rags in the wind, O smile, O gentleness,

The Poet himself at the gangway of the Century:

—Welcome on the causeway of men, and the wind bending the new grass a hundred leagues away.

✧

For man is in question, and his reintegration.

Will no one in the world raise his voice? Testimony for man . . .

Let the Poet speak, and let him guide the judgment!

## IV

### 1

. . . It was yesterday. The winds fell silent.—Is there nothing but the human thing?

"Unless you make haste, your poem will lose track of it. . . ." O frontier, O silence! Aversion of the god!

And still the capsules of nothingness in our living mouths.

If living is like this, let it not be slandered! (a fine recourse! . . .) But neither must you, O Wind, break off your alliance.

Otherwise, there is such a reflux in the desert of the instant! . . . suddenly, the madness of light on the whiteness of the roads, and, growing towards our footsteps, within such a halt of time,

The immense emphasis of death like a great yellow tree before us.

If living is like this, let us seize upon it! Ah! let us force it,

With one and the same blast in the wind, with one and the same wave on its course,

To its limit this movement! . . .

And some say one must laugh—will you then call them in question? Or that one must dissemble—will you confound them?

And others, dissenters, take refuge in the flesh of woman, as the Indian close held in his bark canoe, to ascend the river wailing up to its woman's arms, towards infancy.

Il nous suffit ce soir du front contre la selle, à l'heure brève de la sangle: comme en bordure de route, sur les cols, l'homme aux naseaux de pierre de la source—et jusqu'en ce dernier quartier de lune mince comme un ergot de rose blanche, trouvera-t-il encore le signe de l'épron.

Mais quoi! n'est-il rien d'autre, n'est-il rien d'autre que d'humain? Et ce parfum de sellerie lui-même, et cette poudre alezane qu'en songe, chaque nuit,

Sur son visage encore promène la main du Cavalier, ne sauraient-ils en nous éveiller d'autre songe

Que votre fauve image d'amazones, tendres compagnes de nos courses imprégnant de vos corps la laine des jodhpurs?

Nous épousions un soir vos membres purs sur les pelleteries brûlantes du sursaut de la flamme,

Et le vent en forêt vous était corne d'abondance, mais nos pensées tenaient leurs feux sur d'arides rivages,

Et, femmes, vous chantiez votre grandeur de femmes aux fils que nous vous refusions. . . .

Amour, aviez-vous donc raison contre les monstres de nos fables?

Toujours des plaintes de palombes repeupleront la nuit du Voyageur.

Et qu'il fut vain, toujours, entre vos douces phrases familières, d'épier au très lointain des choses ce grondement, toujours, de grandes eaux en marche vers quelque Zambézie! . . .

De grandes filles nous furent données, qui dans leurs bras d'épouses dénouaient plus d'hydres que nos fuites.

Où êtes-vous qui étiez là, silencieux arome de nos nuits, ô chastes libérant dans vos chevelures impudiques une chaleureuse histoire de vivantes?

Vous qui nous entendrez un soir au tournant de ces pages, sur les dernières jonchées d'orage, Fidèles aux yeux d'orfraies, vous saurez qu'avec vous

Nous reprenions un soir la route des humains.

Enough for us, tonight, is our brow against the saddle at the brief moment of girthing: as it is for the man by the roadside on the passes, against the stone nostrils of the spring—and even in this last quarter of the moon, slender as the spur of a white rose, will he see once more the sign of the spur.

And now! is there nothing else, is there nothing else but the human thing? And this perfume of saddlery itself, and this powder of a sorrel horse that every night, in dreams,

The hand of the Horseman passes across his face again, can it arouse within us no other dream

Than your tawny image of riders, O tender companions of our rides, whose jodhpurs are imbued with the perfume of your bodies?

One night we espoused your pure limbs on the furs ardent from the sudden darting of the flame,

And to you the wind in the forest was a horn of plenty, but our thoughts kept their watch-fires along barren shores,

And, women, you sang of your grandeur as women, to the sons that we denied you. . . .

Love, were you then in the right against the monsters of our fables?

Always the wood-doves' lamentations will repeople the night of the Traveller.

And how vain it was, always, between your soft familiar phrases, in the great remoteness of things to espy that thundering, always, of great waters advancing towards some Zambezi-land! . . .

Tall girls were given us, who unwound in their bridal arms more hydras than did our flights.

Where are you who were there, silent aroma of our nights, O chaste ones setting free in your wanton hair an ardent history of living beings?

You who will hear us one night at the turn of these pages, on the storm's last scatterings, Faithful Ones with ospreys' eyes, you will know that with you,

One night, we took once more the road of human beings.

. . . C'étaient de très grands vents sur la terre des hommes—de très grands vents à l'œuvre parmi nous,

Qui nous chantaient l'horreur de vivre, et nous chantaient l'honneur de vivre, ah! nous chantaient et nous chantaient au plus haut faîte du péril,

Et sur les flûtes sauvages du malheur nous conduisaient, hommes nouveaux, à nos façons nouvelles.

C'étaient de très grandes forces au travail, sur la chaussée des hommes—de très grandes forces à la peine

Qui nous tenaient hors de coutume et nous tenaient hors de saison, parmi les hommes coutumiers, parmi les hommes saisonniers,

Et sur la pierre sauvage du malheur nous restituaient la terre vendangée pour de nouvelles épousailles.

Et de ce même mouvement de grandes houles en croissance, qui nous prenaient un soir à telles houles de haute terre, à telles houles de haute mer,

Et nous haussaient, hommes nouveaux, au plus haut faîte de l'instant, elles nous versaient un soir à telles rives, nous laissant,

Et la terre avec nous, et la feuille, et le glaive—et le monde où frayait une abeille nouvelle.

Ainsi du même mouvement le nageur, au revers de sa nage, quêtant la double nouveauté du ciel, soudain tâte du pied l'ourlet des sables immobiles,

Et le mouvement encore l'habite et le propage, qui n'est plus que mémoire—murmure et souffle de grandeur à l'hélice de l'être,

Et les malversations de l'âme sous la chair longtemps le tiennent hors d'haleine—un homme encore dans la mémoire du vent, un homme encore épris du vent, comme d'un vin. . . .

Comme un homme qui a bu à une cruche de terre blanche: et l'attachement encore est à sa lèvre

Et la vésication de l'âme sur sa langue comme une intempérie,

Le goût poreux de l'âme, sur sa langue, comme une piastre d'argile . . .

## 6

. . . These were very great winds over the land of men—very great winds at work among us,

Singing to us the horror of living, and singing to us the honor of living, ah! singing to us and singing to us from the very summit of peril,

And, with the savage flutes of misfortune, leading us, new men, to our new ways.

These were very great forces at work on the causeway of men—very great forces in labor

Holding us outside of custom and holding us outside of season, among men of custom, among men of season,

And on the savage stone of misfortune restoring to us the land, by vintage bared, for new nuptials.

And with this same movement of great swells on the increase, which seized us one evening from such swells of high land, from such swells of high sea,

And raised us, new men, to the very summit of the instant, they cast us one evening onto new shores, leaving us,

And the land with us, and the leaf, and the sword—and the world visited by a new bee.

Thus through the same movement the swimmer, rolling and rolling, to seek and seek, on each side, a new vision of the sky, suddenly feels with his foot the rim of immobile sands,

And the movement still dwells in him and drives him on—a movement which remains only memory—murmur and breath of grandeur in the spiral of being,

And the frauds of the soul beneath the flesh keep him a long time out of breath—a man still in the memory of the wind, a man still enamored of the wind, as of a wine. . . .

Like a man who has drunk from a white earthen jar: and the seal is still on his lip

And the burning of the soul on his tongue like a torrid climate,

The porous taste of the soul on his tongue, like a clay piastre . . .

Ô vous que rafraîchit l'orage, la force vive et l'idée neuve rafraîchiront votre couche de vivants, l'odeur fétide du malheur n'infectera plus le linge de vos femmes.

Repris aux dieux votre visage, au feu des forges votre éclat, vous entendrez, et l'An qui passe, l'acclamation des choses à renaître sur les débris d'élytres, de coquilles.

Et vous pouvez remettre au feu les grandes lames couleur de foie sous l'huile. Nous en ferons fers de labour, nous connaîtrons encore la terre ouverte pour l'amour, la terre mouvante, sous l'amour, d'un mouvement plus grave que la poix.

Chante, douceur, à la dernière palpitation du soir et de la brise, comme un apaisement de bêtes exaucées.

Et c'est la fin ce soir du très grand vent. La nuit s'évente à d'autres cimes. Et la terre au lointain nous raconte ses mers.

Les dieux, pris de boisson, s'égareront-ils encore sur la terre des hommes? Et nos grands thèmes de nativité seront-ils discutés chez les doctes?

Des Messagers encore s'en iront aux filles de la terre, et leur feront encore des filles à vêtir pour le délice du poète.

Et nos poèmes encore s'en iront sur la route des hommes, portant semence et fruit dans la lignée des hommes d'un autre âge—

Une race nouvelle parmi les hommes de ma race, une race nouvelle parmi les filles de ma race, et mon cri de vivant sur la chaussée des hommes, de proche en proche, et d'homme en homme,

Jusqu'aux rives lointaines où déserte la mort! . . .

7

Quand la violence eut renouvelé le lit des hommes sur la terre,
    Un très vieil arbre, à sec de feuilles, reprit le fil de ses maximes. . . .
    Et un autre arbre de haut rang montait déjà des grandes Indes souterraines,
    Avec sa feuille magnétique et son chargement de fruits nouveaux.

O you whom the storm refreshes, the live force and the young idea will refresh your bed of living men, the fetid odor of unhappiness will no more infect the linen of your women.

Your face recovered from the gods, your luster from the fire of the forges, you will hear the passing Year, and the greeting of things to be reborn on the rubble of wing-sheaths and of shells.

And you can replace in the fire the great blades, color of liver under oil. We shall make of them iron for the plough, we shall know again the earth open to love, the earth moving, under love, with a movement heavier than pitch.

Sing, sweetness, to the last palpitation of the evening and the breeze, like an appeasement of gratified beasts.

And to its end, this evening, comes the very great wind. The night airs itself at other summits. And in the distance the earth tells us of its seas.

Will the gods, taken with drink, venture again on the earth of men? And will our great themes of nativity be discussed among the learned?

Messengers will go forth again to the daughters of the earth, and will have from them more daughters, to be dressed for the poet's delight.

And our poems will go forth again on the roadway of men, bearing seed and fruit in the lineage of men of another age—

A new race among the men of my race, a new race among the daughters of my race, and my cry of a living being on the causeway of men, from place to place, and from man to man,

As far as the distant shores where death deserts! . . .

7

When violence had remade the bed of men on the earth,

A very old tree, barren of leaves, resumed the thread of its maxims. . . .

And another tree of high degree was already rising from the great subterranean Indies,

With its magnetic leaf and its burden of new fruits.

HUGH CHISHOLM

# Amers

## 3

Poésie pour accompagner la marche d'une récitation en l'honneur de la Mer.

Poésie pour assister le chant d'une marche au pourtour de la Mer.

Comme l'entreprise du tour d'autel et la gravitation du chœur au circuit de la strophe.

Et c'est un chant de mer comme il n'en fut jamais chanté, et c'est la Mer en nous qui le chantera:

La Mer, en nous portée, jusqu'à la satiété du souffle et la péroraison du souffle,

La Mer, en nous, portant son bruit soyeux du large et toute sa grande fraîcheur d'aubaine par le monde.

Poésie pour apaiser la fièvre d'une veille au périple de mer. Poésie pour mieux vivre notre veille au délice de mer.

Et c'est un songe en mer comme il n'en fut jamais songé, et c'est la Mer en nous qui le songera:

La Mer, en nous tissée, jusqu'à ses ronceraies d'abîme, la Mer, en nous, tissant ses grandes heures de lumière et ses grandes pistes de ténèbres—

Toute licence, toute naissance et toute résipiscence, la Mer! la Mer! à son afflux de mer,

Dans l'affluence de ses bulles et la sagesse infuse de son lait, ah! dans l'ébullition sacrée de ses voyelles—les saintes filles! les saintes filles!—

La Mer elle-même tout écume, comme Sibylle en fleurs sur sa chaise de fer . . .

## 6

. . . Et de plus haut, et de plus haut déjà, n'avions-nous vu la Mer plus haute à notre escient,

# Seamarks

## INVOCATION

### 3

Poetry to accompany the march of a recitation in honor of the Sea.

Poetry to assist the song of a march round the circuit of the Sea.

Like the ritual round the altar and the gravitation of the chorus in the circuit of the strophe.


And it is a chant of the sea as has never been chanted, and it is the Sea in us that will chant it:

The Sea, borne in us, to the satiety of breath and the peroration of breath,

The Sea, in us bearing the silken sound of open seas and all the great freshness of good fortune throughout the world.


Poetry to appease the fever of a watch along the edge of the sea. Poetry to fire our watch in the delight of the sea.

And it is a dream at sea such as we never dreamt, and it is the Sea in us that will dream it:

The Sea, woven in us, to the last weaving of its tangled night, the Sea, in us, weaving its great trails of darkness—


All freedom, all renascence and all resipiscence, the Sea! the Sea! in its sea-flowing,

In the overflowing of its bubbles and the infused wisdom of its milk, ah! in the sacred ebullience of its vowels—sacred beings! sacred beings!—

The Sea itself all foam, like a Sibyl in flower on her iron chair . . .


### 6

.   .   .

. . . And from higher, and higher seen, had we not held the Sea higher in our knowing,

Face lavée d'oubli dans l'effacement des signes, pierre affranchie pour nous de son relief et de son grain?—et de plus haut encore et de plus loin, la Mer plus haute et plus lointaine . . . inallusive et pure de tout chiffre, la tendre page lumineuse contre la nuit sans tain des choses? . . .

Ah! quel grand arbre de lumière prenait ici la source de son lait! . . . Nous n'avons pas été nourris de ce lait-là! Nous n'avons pas été nommés pour ce rang-là! Et filles de mortelles furent nos compagnes éphémères, menacées dans leur chair . . . Rêve, ô rêve tout haut ton rêve d'homme et d'immortel! . . . «Ah! qu'un Scribe s'approche et je lui dicterai. . . .»

Nul Asiarque chargé d'un ordre de fêtes et de jeux eût-il jamais rêvé pareille rêverie d'espace et de loisir? Et qu'il y eût en nous un tel désir de vivre à cet accès, n'est-ce point là, ô dieux! ce qui nous qualifiait? . . . Ne vous refermez point, paupière, que vous n'ayez saisi l'instant d'une telle équité! «Ah! qu'un homme s'approche et je lui dicterai. . . .»

Le Ciel qui vire au bleu de mouette nous restitue déjà notre présence, et sur les golfes assaillis vont nos millions de lampes d'offrande, s'égarant—comme quand le cinabre est jeté dans la flamme pour exalter la vision.

✧

Car tu nous reviendras, présence! au premier vent du soir,

Dans ta substance et dans ta chair et dans ton poids de mer, ô glaise! dans ta couleur de pierre d'étable et de dolmen, ô mer!—parmi les hommes engendrés et leurs contrées de chênes rouvres, toi Mer de force et de labour, Mer au parfum d'entrailles femelles et de phosphore, dans les grands fouets claquants du rapt! Mer saisissable au feu des plus beaux actes de l'esprit! . . . (Quand les Barbares sont à la Cour pour un très bref séjour, l'union avec les filles de serfs rehausse-t-elle d'un si haut ton le tumulte du sang? . . .)

«Guide-moi, plaisir, sur les chemins de toute mer; au frémissement de toute brise où s'alerte l'instant, comme l'oiseau vêtu de son vêtement d'ailes . . . Je vais, je vais un chemin d'ailes, où la tristesse elle-même n'est plus qu'aile . . . Le beau pays natal est à reconquérir, le beau pays du Roi qu'il n'a revu depuis l'enfance, et sa défense est dans mon chant. Commande, ô fifre, l'action, et cette grâce encore d'un amour qui ne nous mette en mains que les glaives de joie! . . .»

Face washed with forgetfulness in the effacing of signs, stone freed for us of its relief and of its grain?—and from higher still and farther off, the Sea higher and more distant . . . inallusive and innocent of all figures, the tender luminous page without foil against the night of things? . . .

Oh! what great tree of light found here the source of its milk? We have not been fed on such a milk! We have not been named to such a rank! Daughters of mortal women were our ephemeral companions, threatened in their flesh. . . . Dream, O dream aloud your dream of a man and an immortal! "Ah! let a Scribe approach and I will dictate to him. . . ."

Would any Asiarch, responsible for a season of festivals and games, have ever dreamed such a dream of space and leisure? And that there was in us such a desire to live at that height, is not that, O gods! which qualified us? . . . Do not close, eyelid, until you have seized that pure instant of equity! "Ah! let some man approach and I will dictate to him. . . ."

The sky, turning to a seagull blue, is restoring to us our presence, and over the assailed gulfs our millions of votive lamps are straying—as when cinnabar is thrown into the fire to exalt man's vision.

For you will return to us, presence! with the first wind of the evening,

In your substance and in your flesh and in your weight of sea, O clay! in your color of stable stone and of dolmen, O Sea!—among begotten men and their countries of robur oaks, you, Sea of force and of furrows, Sea with the scent of female entrails and of phosphorus, in the great cracking whips of rape! Sea seized in the fire of your finest acts, O mind! . . . (When the Barbarians are at Court for a very brief stay, does union with the daughters of serfs exalt to such a height the tumult of the blood? . . .)

"Guide me, pleasure, on the ways of every sea; in the flurrying of every breeze where the instant is alerted, like a bird clothed in the clothing of wings . . . I go, I go a way of wings, where sadness itself is no more than wing. The fair land of birth has to be reconquered, the fair land of the King that he has not seen since childhood, and its defense is in my song. Command, O fifer, the action, and again this grace of a love which places in our hands only the swords of joy! . . ."

Et vous, qu'êtes-vous donc, ô Sages! pour nous réprimander, ô Sages? Si la fortune de mer nourrit encore, en sa saison, un grand poème hors de raison, m'en refuserez-vous l'accès? Terre de ma seigneurie, et que j'y entre, moi! n'ayant nulle honte à mon plaisir. . . . «Ah! qu'un Scribe s'approche et je lui dicterai . . .» Et qui donc, né de l'homme, se tiendrait sans offense aux côtés de ma joie?

—Ceux-là qui, de naissance, tiennent leur connaissance au-dessus du savoir.


STROPHE

V

Langage que fut la Poétesse:


«Amertume, ô faveur! Où brûle encore l'aromate? . . . Enfouie la graine du pavot, nous nous tournons enfin vers toi, Mer insomnieuse du vivant. Et tu nous es chose insomnieuse et grave comme l'inceste sous le voile. Et nous disons, nous l'avons vue, la Mer aux femmes plus belle que l'adversité. Et nous ne savons plus que toi de grande et de louable,

Ô Mer qui t'enfles dans nos songes comme un dénigrement sans fin et comme une vilenie sacrée, ô toi qui pèses à nos grands murs d'enfance et nos terrasses comme une tumeur obscène et comme un mal divin!

L'ulcère est à nos flancs comme un sceau de franchise, l'amour aux lèvres de la plaie comme le sang des dieux. Amour! amour du dieu pareil à l'invective, les grandes serres promenées dans notre chair de femme, et les essaims fugaces de l'esprit sur la continuité des eaux . . . Tu rongeras, douceur,

Jusqu'à cette pruderie de l'âme qui naît aux inflexions du col et sur l'arc inversé de la bouche—ce mal qui prend au cœur des femmes comme un feu d'aloès, ou comme la satiété du riche entre ses marbres, ses murrhins.

Une heure en nous se lève que nous n'avions prévue. C'est trop d'attendre sur nos lits le renversement des torches domestiques. Notre

And who are you then, O Sages, to reprove us, O Sages? If the fortune of the sea nourishes again, in its season, a great poem beyond reason, will you refuse me access to it? Land of my seigniory, there may I enter, having no shame at my pleasure. . . . "Ah! let a Scribe approach, and I will dictate to him. . . ." And who, then, born of man, would stand without offense, beside my joy?

—Those who, by birth, hold their knowing above knowledge.


### STROPHE

### V

Language which was the Poetess:

"Bitterness, O favor! Where now burns the aromatic herb? . . . The poppy seed buried, we turn at last towards you, sleepless Sea of the living. And you to us are something sleepless and grave, as is incest under the veil. And we say, we have seen it, the Sea for women more beautiful than adversity. And now we know only you that are great and worthy of praise,

O Sea which swells in our dreams as in endless disparagement and in sacred malignancy, O you who weigh on our great childhood walls and our terraces like an obscene tumor and like a divine malady!

The ulcer is on our side like a seal of franchise, love on the lips of the wound like the blood of the gods. Love! love of the god equal to invective, the great talons raking our woman's flesh, and the fleeing swarms of the spirit on the continuity of the water . . . You will gnaw, sweetness,

Even into that prudery of the soul which is born in the curves of the neck and the inverted arc of the mouth—that malady which grows in the heart of women like a fire of aloes, or like the satiety of the rich man among his marbles and his murrhine vases.

An hour rises in us that we have not foreseen. It is too much to wait on our beds for the upsetting of the domestic torches. Our birth is of

naissance est de ce soir, et de ce soir notre croyance. Un goût de cèdre et d'oliban nous tient encore à notre rang dans la faveur des Villes, mais la saveur de mer est sur nos lèvres,

Et d'une senteur de mer dans notre linge, et dans nos lits, au plus intime de la nuit, datent pour nous le blâme et le soupçon portés sur toutes treilles de la terre.

Bonne course à vos pas, divinités du seuil et de l'alcôve! Habilleuses et Coiffeuses, invisibles Gardiennes, ô vous qui preniez rang derrière nous dans les cérémonies publiques, haussant aux feux de mer vos grands miroirs emplis du spectre de la Ville,

Où étiez-vous, ce soir, quand nous avons rompu nos liens avec l'étable du bonheur?

Mais vous qui êtes là, hôtes divins du toit et des terrasses, Seigneurs! Seigneurs! maîtres du fouet! ô maîtres à danser le pas des hommes chez les Grands, et maîtres en tout du saisissement—ô vous qui tenez haut le cri des femmes dans la nuit,

Faites qu'un soir il nous souvienne de tout cela de fier et de réel qui se consumait là, et qui nous fut de mer, et qui nous fut d'ailleurs,

Parmi toutes choses illicites et celles qui passent l'entendement. . . .»

## VI

Et cette fille chez les Prêtres:

«Prophéties! prophéties! Lèvres errantes sur la mer, et tout cela qu'enchaîne, sous l'écume, la phrase naissante qu'elles n'achèvent . . .

Les filles liées au bas des Caps y prennent le message. Qu'on les bâillonne parmi nous: elles diront mieux le dieu qu'elles relayent. . . . Filles liées au bout des Caps comme au timon des chars . . .

this evening, and of this evening our faith. A taste of cedar and olibanum still exalts our rank in the favor of the Cities, but the savor of the sea is on our lips,

And from a smell of the sea in our linen, and in our beds, in the deepest intimacy of night, date for us the blame and suspicion cast on all the vine arbors of the earth.

Good fortune to your steps, divinities of the threshold and the alcove! Dressers and Hairdressers, invisible Guardians, O you who took rank behind us in the public ceremonies, raising to the fires of the sea your large mirrors filled with the specter of the City,

Where were you, this evening, when we severed our ties with the stable of happiness?

But you who are there, divine hosts of the roof and the terraces, Lords! Lords! masters of the whip! O Masters to teach the dance of men before the Great, and masters forever to teach the step of the possessed—O you who hold high the cry of women in the night,

See to it that one evening we remember all those proud and real things which were consumed there, and which came to us from the sea, and which came to us from elsewhere,

Among all illicit things and those which pass understanding. . . ."

## VI

And this girl prophet among the Priests:

"Prophecies! prophecies! Lips wandering over the sea, and all the things, under the foam, enchained by the newborn phrase which has no end . . .

The girls bound at the foot of the Capes take the message there. Let them be gagged in our midst: they will speak more clearly for the god they relay. . . . Girls bound at the end of Capes as to the poles of chariots . . .

Et l'impatience est sur les eaux, du mot qui tarde dans nos bouches. Et la Mer lave sur la pierre nos yeux brûlants de sel. Et sur la pierre asexuée croissent les yeux de l'Étrangère . . .»

✧

«. . . Ah! tout n'est-il que cette éclosion de bulles heureuses qui chantent l'heure avide et chantent l'heure aveugle? Et cette mer encore est-elle mer, qui creuse en nous ses grands bas-fonds de sable, et qui nous parle d'autres sables?

Plus de complices sur les eaux, plus de complices sous les eaux, que n'en fréquente en songe le Poète! . . . Solitude, ô foison! qui donc pour nous affranchira nos invisibles Sœurs captives sous l'écume?—mêlées de ruches et d'ombelles, roueries d'ailes rétives et cent bris d'ailes rabrouées,

Ah! tant de filles dans les fers, ah! tant de filles sous le mors et tant de filles au pressoir—de grandes filles séditieuses, de grandes filles acrimonieuses, ivres d'un vin de roseaux verts! . . .»

✧

«S'en souviendront vos fils, s'en souviendront leurs filles et leurs fils, et qu'une engeance nouvelle sur les sables doublait au loin nos pas de Vierges infaillibles.

Prophéties! prophéties! l'aigle encapuchonné du Siècle s'aiguise à l'émeri des Caps. De noires besaces s'alourdissent au bas du ciel sauvage. Et la pluie sur les îles illuminées d'or pâle verse soudain l'avoine blanche du message.

Mais vous, qu'alliez-vous craindre du message? craindre d'un souffle sur les eaux, et de ce doigt de soufre pâle, et de cette pure semaille de menus oiseaux noirs qu'on nous jette au visage, comme ingrédients du songe et sel noir du présage? (procellaires est le nom, pélagique l'espèce, et le vol erratique comme celui des noctuelles.) »

✧

«. . . Il est, il est des choses à dire en faveur de notre âge. Il est, dans la cassure des choses, un singulier mordant, comme au tesson du glaive ce goût d'argile sèche et de poterie de fer, qui tentera toujours la lèvre du mieux-né.

And impatience is over the waters for the word which tarries in our mouths. And the Sea washes on the stone our eyes burning with salt. And on the asexual stone open the eyes of an Alien Woman . . ."

✧

". . . Ah! is there nothing but this blossoming of happy bubbles which sing the eager hour and sing the blind hour? And is this sea still a sea, which moves in us its great shoals of sand, and speaks to us of other sands?

More accomplices on the waters, more accomplices under the waters than the Poet meets in his dreams! . . . Solitude, O abundance! who now will release for us our invisible Sisters captive under the foam?—*mélée* of hives and umbels, wheeling of resting wings and a hundred breakings of wrenched wings,

Ah! so many girls in irons, ah! so many girls under the curb, and in the winepress—tall seditious girls, tall acrimonious girls, drunk on a wine of green reeds! . . ."

✧

"All this your sons will remember, their daughters and their sons will remember, and that a new race far off on the sand doubled our steps of infallible Virgins.

Prophecies! prophecies! the hooded eagle of the Century is whetted on the emery of the Capes. Dark beggars' sacks hang heavy low in the wild sky. And the rain, on the islands lighted with pale gold, suddenly pours the white oats of the message.

But what would you fear from the message? fear from a breath on the waters, and from this finger of pale sulphur, and from this pure sowing of small dark birds which are scattered in our faces, like ingredients of a dream and the black salt of a portent? (Procellarian is the name, pelagic the species, and the flight erratic like that of nocturnal moths.)"

✧

"There are, there are things to say in favor of our age. There is, in the fracture of things, a singular pungency, as on the broken end of the blade that taste of dry clay and ironware which will always tempt the lips of the highest born.

«J'ai faim, j'ai faim pour vous de choses étrangères»: cri de l'oiseau de mer à sa plus haute pariade! Et les choses n'ont plus sens sur la terre foraine. . . . Pour nous le Continent de mer, non point la terre nuptiale et son parfum de fenugrec; pour nous le libre lieu de mer, non ce versant de l'homme usuel aveuglé d'astres domestiques.

Et louées Celles avec nous qui, sur les grèves souillées d'algues comme des bauges désertées, et dans la puanteur sacrée qui monte des eaux vastes—quand l'ipomée des sables vire au rouge d'hyacinthe—et la mer revêtant sa couleur d'holocauste—auront su s'étarquer à de plus hautes vergues! . . .»

✧

«. . . De vives toiles déferlées s'éclairent, au fond du ciel qui change de voilure. Et la rumeur en nous s'apaise sous le peigne de fer. La mer en nous s'élève, comme aux chambres désertes des grandes conques de pierre. . . .

Ô Mer par qui les yeux des femmes sont plus gris, douceur et souffle plus que mer, douceur et songe plus que souffle, et faveur à nos tempes de si loin menée, il est dans la continuité des choses à venir

Comme une salive sainte et comme une sève de toujours. Et la douceur est dans le chant, non dans l'élocution; est dans l'épuisement du souffle, non dans la diction. Et la félicité de l'être répond à la félicité des eaux. . . .»

✧

«. . . La pluie, sur l'Océan sévère, sème ses soucis d'eau: autant de fois se clôt la paupière du dieu. La pluie sur l'Océan s'éclaire: autant de ciel s'accroît dans l'auge des rizières. De grandes filles liées vives baissent la tête, sous le fardeau de nuée grise orangée d'or.

Et parfois la mer calme, couleur de plus grand âge, est comme celle, mêlée d'aube, qui se regarde dans l'œil des nouveau-nés; est comme celle, parée d'ors, qui s'interroge dans le vin.

'I hunger, I hunger with you a hunger for unfamiliar things': cry of the sea bird at its highest pairing! And things lose their meaning on the land open to the sea. . . . For us the Continent of the sea, not the nuptial land with its perfume of fenugreek; for us the free space of the sea, not this earthly side of man, blinded by domestic stars.

And praise to those Women with us who, on the beaches soiled with seaweed, like abandoned lairs, and in the sacred stench rising from the vast waters—when the sand ipomoea turns to hyacinth red—and the sea again dons its color of holocaust—will have known how to stretch themselves on higher yards! . . ."

❖

". . . Vivid canvas unfurled lights up in the depth of the sky which changes sails. And the murmuring in us is appeased under the iron comb. The sea rises in us, as in the deserted chambers of the great stone conch shells. . . .

O Sea by which the eyes of women are grayer, sweetness and breath more than sea, sweetness and dream more than breath, and favor to our brows brought from so far away, there is in the continuity of things to come

Something like a holy saliva and like an eternal sap. And the sweetness is in the song, not in the elocution; is in the exhausting of the breath, not in the diction. And the felicity of the being responds to the felicity of the waters. . . ."

❖

". . . The rain, over the severe Ocean, sows its marsh marigolds: as often as the god's eyelid closes. The rain over the Ocean lights up: as much sky spreads in the trough of the rice swamps. Tall girls, bound alive, bend their heads, under the burden of gray cloud oranged with gold.

And at times the calm sea, color of greater age, is like that sea, mingled with dawn, which mirrors itself in the eyes of the newborn; is like that sea, adorned with gold, which queries itself in the wine.

Ou bien vêtue de pollen gris, et comme empoussiérée des poudres de Septembre, elle est mer chaste et qui va nue, parmi les cendres de l'esprit. Et qui donc à l'oreille nous parle encore du lieu vrai? . . .»

✧

«. . . Nous écoutons, tout bas hélées, la chose en nous très proche et très lointaine—comme ce sifflement très pur de l'Étésienne à la plus haute corne du gréement. Et la douceur est dans l'attente, non dans le souffle ni le chant. Et ce sont là choses peu narrables, et de nous seules mi-perçues. . . . Plutôt nous taire, la bouche rafraîchie de petites coquilles.

Ô Voyageurs sur les eaux noires en quête de sanctuaires, allez et grandissez, plutôt que de bâtir. La terre aux pierres déliées s'en vient d'elle-même se défaire au penchant de ces eaux. Et nous, Servantes déliées, nous en allons, et les pieds vains, parmi les sables très mobiles.

Des affleurements soyeux d'argile blanche, doucereuse, des empâtements noueux de marne blanche, doucereuse, devancent vers la terre nos pas de femmes ensommeillées. Et de la paume du pied nu sur ces macérations nocturnes—comme d'une main d'aveugle parmi la nuit des signes enneigés—nous suivons là ce pur langage modelé: relief d'empreintes méningées, proéminences saintes aux lobes de l'enfance embryonnaire. . . .»

✧

«. . . Et les pluies sont passées, de nul interrogées. Leurs longs trains de présages s'en sont allés, derrière les dunes, dénouer leurs attelages. Les hommes pleins de nuit désertent les sillons. De lourdes bêtes conjuguées s'orientent seules vers la mer.

Et qu'on nous tance, ô mer, si nous n'avons aussi tourné la tête! . . . La pluie salée nous vient de haute mer. Et c'est une clarté d'eau verte sur la terre comme on en vit quatre fois l'an.

Enfants, qui vous coiffez des plus larges feuilles aquatiques, vous nous prendrez aussi la main dans cette minuit d'eau verte: les Prophétesses déliées s'en vont, avec les Pluies, repiquer les rizières. . . .»

(Et, là! que voulions-nous dire, que nous n'avons su dire?)

Or else, clothed in gray pollen, and as though dusted with the powders of September, she is the chaste sea, going naked among the ashes of the spirit. And who then, to our ear, is still speaking of the true place? . . ."

✧

". . . We listen, hailed in a low voice, to the thing in us very near and very distant—like that very pure whistling of the Etesian wind at the highest peak of the rigging. And the sweetness is in the waiting, not in the breath or the song. And these are things not very tellable, and by us alone half-perceived. . . . Better that we be silent, our mouths refreshed with small shells.

O Voyagers over black waters in quest of sanctuaries, go forth and grow in stature, rather than build. The earth with loosened stones comes to its undoing at the brink of those waters. And we, Servants, set free, go away, our feet vain, over very mobile sands.

Silken outcroppings of white sweetish clay, gnarled thicknesses of white sweetish marl, precede towards the land our steps of drowsy women. And with the palm of the bare foot on these nocturnal macerations—as with the blind man's hand in the night of snow-clad signs— we follow there this pure molded language: relief of meningeal prints, sacred protuberances with the lobes of the embryo's infancy. . . ."

✧

". . . And the rains have passed, by no one questioned. Their long trains of portents have gone away, behind the dunes, to undo their harnessings. Men full of night desert the furrows. Heavy beasts yoked turn alone towards the sea.

And may we be rebuked, O sea, if we also have not turned our heads! . . . The salt rain comes to us from the high sea. And there is a light of green water over the land such as was seen four times in a year.

Children, who wear on your heads the largest leaves of water plants, you will also take us by the hand in this midnight of green water: the Girl Prophets, released, are going away with the Rains to thin out the rice fields. . . ."

(And now! what did we wish to say, that we were not able to say?)

# IX

Amants, ô tard venus parmi les marbres et les bronzes, dans l'allonge-
ment des premiers feux du soir,
    Amants qui vous taisiez au sein des foules étrangères,
    Vous témoignerez aussi ce soir en l'honneur de la Mer:


## 1


. . . Étroits sont les vaisseaux, étroite notre couche.
    Immense l'étendue des eaux, plus vaste notre empire
    Aux chambres closes du désir.

    Entre l'Été, qui vient de mer. À la mer seule nous dirons
    Quels étrangers nous fûmes aux fêtes de la Ville, et quel astre mon-
tant des fêtes sous-marines
    S'en vint un soir, sur notre couche, flairer la couche du divin.

    En vain la terre proche nous trace sa frontière. Une même vague par
le monde, une même vague depuis Troie
    Roule sa hanche jusqu'à nous. Au très grand large loin de nous fut
imprimé jadis ce souffle. . . .
    Et la rumeur un soir fut grande dans les chambres: la mort elle-
même, à son de conques, ne s'y ferait point entendre!

    Aimez, ô couples, les vaisseaux; et la mer haute dans les chambres!
    La terre un soir pleure ses dieux, et l'homme chasse aux bêtes rousses;
les villes s'usent, les femmes songent . . . Qu'il y ait toujours à notre
porte
    Cette aube immense appelée mer—élite d'ailes et levée d'armes; amour
et mer de même lit, amour et mer au même lit—

    et ce dialogue encore dans les chambres:


## 2


I—
«. . . Amour, amour, qui tiens si haut le cri de ma naissance, qu'il est

# IX

Lovers, O latecomers among the marbles and the bronzes, in the lengthening fires of evening,
>Lovers who kept silent in the midst of alien crowds,
>You too will testify tonight in honor of the Sea:

### 1

. . . Narrow are the vessels, narrow our couch.
Immense the expanse of waters, wider our empire
In the closed chambers of desire.

Summer enters, coming from the sea. To the sea only shall we say
What strangers we were at the festivities of the City, and what star rising from undersea festivities,
Hung one evening, over our couch, on the scent of the gods.

In vain the surrounding land traces for us its narrow confines. One same wave throughout the world, one same wave since Troy
Rolls its haunch towards us. On a far-off open sea this gust was long ago impressed. . . .
And the clamor one evening was loud in the chambers: death itself, blowing its conchs, could not have been heard!

The vessels shall you love, O lovers, and the sea high in the chambers!
The land one evening mourns its gods, and man hunts rust-red badgers; cities wear down, women dream. . . . May it always be at our door
That immense dawn called sea—*élite* of wings and levying of weapons; love and sea of the same bed, love and sea in the same bed—

and this dialogue again in the chambers:

### 2

I—

". . . Love, love, that holds so high the cry of my birth, how great a

de mer en marche vers l'Amante! Vigne foulée sur toutes grèves, bien-
fait d'écume en toute chair, et chant de bulles sur les sables . . . Hom-
mage, hommage à la Vivacité divine!

Toi, l'homme avide, me dévêts; maître plus calme qu'à son bord le
maître du navire. Et tant de toile se défait, il n'est plus femme qu'agréée.
S'ouvre l'Été, qui vit de mer. Et mon cœur t'ouvre femme plus fraîche
que l'eau verte: semence et sève de douceur, l'acide avec le lait mêlé,
le sel avec le sang très vif, et l'or et l'iode, et la saveur aussi du cuivre
et son principe d'amertume—toute la mer en moi portée comme dans
l'urne maternelle. . . .

Et sur la grève de mon corps l'homme né de mer s'est allongé. Qu'il
rafraîchisse son visage à même la source sous les sables; et se réjouisse
sur mon aire, comme le dieu tatoué de fougère mâle. . . . Mon amour,
as-tu soif? Je suis femme à tes lèvres plus neuve que la soif. Et mon
visage entre tes mains comme aux mains fraîches du naufrage, ah! qu'il
te soit dans la nuit chaude fraîcheur d'amande et saveur d'aube, et con-
naissance première du fruit sur la rive étrangère.

J'ai rêvé, l'autre soir, d'îles plus vertes que le songe. . . . Et les navi-
gateurs descendent au rivage en quête d'une eau bleue; ils voient—c'est
le reflux—le lit refait des sables ruisselants: la mer arborescente y laisse,
s'enlisant, ces pures empreintes capillaires, comme de grandes palmes
suppliciées, de grandes filles extasiées qu'elle couche en larmes dans leurs
pagnes et dans leurs tresses dénouées.

Et ce sont là figurations du songe. Mais toi l'homme au front droit,
couché dans la réalité du songe, tu bois à même la bouche ronde, et
sais son revêtement punique: chair de grenade et cœur d'oponce, figue
d'Afrique et fruit d'Asie. . . . Fruits de la femme, ô mon amour, sont
plus que fruits de mer: de moi non peinte ni parée, reçois les arrhes de
l'Été de mer. . . .»

✦

2—
«. . . Au cœur de l'homme, solitude. Étrange l'homme, sans rivage,
près de la femme, riveraine. Et mer moi-même à ton orient, comme à

sea moving towards the Woman who loves! Vine trampled on all shores, blessing of foam in all flesh, and song of bubbles on the sands . . . Homage, homage to the divine Ardor!

You, avid man, unclothe me: master more calm here than on his deck the master of the ship. And so much clothing falls away, there is nothing of the woman that you have not greeted. Summer opens, which is fed by the sea. And my heart opens to you a woman fresher than green water: seed and sap of sweetness, acid mingled with milk, salt with vivid blood, and gold and iodine, and the flavor too of copper with its essence of bitterness—all the sea borne in me as in the maternal urn. . . .

And on the shore of my body man born of the sea lies stretched out. May he refresh his face even at the spring beneath the sands; and rejoice on my soil, like the god tattooed with male fern. . . . My love, are you thirsty? I am woman at your lips keener than thirst. And my face in your hands as in hands fresh from shipwreck, ah! may there be for you in the warm night freshness of almond and flavor of dawn, and first awareness of fruit on the foreign shore!

I dreamt, the other evening, of islands greener than any dream. . . . And sailors landed on the shore in search of blue water; they saw—it was ebb-tide—the new-made bed of streaming sands: an arborescent sea had left there, as it sank, its pure capillary prints, like those of great tortured palms, or of tall enraptured girls laid down in tears among their loincloths and unbraided tresses.

And these are figures of a dream. But you, man of upright brow, inhabiting the reality of the dream, you drink right from the round mouth, and know its punic lining: flesh of pomegranate and heart of prickly pear, fig of Africa and fruit of Asia. . . . Fruits of woman, O my love, are more than fruits of the sea: from me not painted nor adorned, receive an earnest of the Sea Summer. . . ."

2—

". . . In the heart of man, solitude. Strange the man, shoreless, near the woman, herself a shore. And myself a sea at your orient, as if

ton sable d'or mêlé, que j'aille encore et tarde, sur ta rive, dans le dé-
roulement très lent de tes anneaux d'argile—femme qui se fait et se
défait avec la vague qui l'engendre. . . .

Et toi plus chaste d'être plus nue, de tes seules mains vêtue, tu n'es
point Vierge des grands fonds, Victoire de bronze ou de pierre blanche
que l'on ramène, avec l'amphore, dans les grandes mailles chargées
d'algues des tâcherons de mer; mais chair de femme à mon visage,
chaleur de femme sous mon flair, et femme qu'éclaire son arôme comme
la flamme de feu rose entre les doigts mi-joints.

Et comme le sel est dans le blé, la mer en toi dans son principe, la chose
en toi qui fut de mer, t'a fait ce goût de femme heureuse et qu'on ap-
proche. . . . Et ton visage est renversé, ta bouche est fruit à consommer,
à fond de barque, dans la nuit. Libre mon souffle sur ta gorge, et la montée,
de toutes parts, des nappes du désir, comme aux marées de lune proche,
lorsque la terre femelle s'ouvre à la mer salace et souple, ornée de bulles,
jusqu'en ses mares, ses maremmes, et la mer haute dans l'herbage fait son
bruit de noria, la nuit est pleine d'éclosions. . . .

Ô mon amour au goût de mer, que d'autres paissent loin de mer
l'églogue au fond des vallons clos—menthes, mélisse et mélilot, tiédeurs
d'alysse et d'origan—et l'un y parle d'abeillage et l'autre y traite d'agne-
lage, et la brebis feutrée baise la terre au bas des murs de pollen noir.
Dans le temps où les pêches se nouent, et les liens sont triés pour la
vigne, moi j'ai tranché le nœud de chanvre qui tient la coque sur son
ber, à son berceau de bois. Et mon amour est sur les mers! et ma brûlure
est sur les mers! . . .

Étroits sont les vaisseaux, étroite l'alliance; et plus étroite ta mesure,
ô corps fidèle de l'Amante. . . . Et qu'est ce corps lui-même, qu'image
et forme du navire? nacelle et nave, et nef votive, jusqu'en son ouverture
médiane; instruit en forme de carène, et sur ses courbes façonné, ployant
le double arceau d'ivoire au vœu des courbes nées de mer. . . . Les
assembleurs de coques, en tout temps, ont eu cette façon de lier la quille
au jeu des couples et varangues.

mingled with your golden sand, may I go once more and linger on your shore, in the slow unrolling of your coils of clay—woman who forms and unforms with the wave that engenders her. . . .

And you, more chaste for being more naked, clothed by your hands alone, you are no Virgin raised from the depths, Victory of bronze or white stone recovered, with the amphora, in the great meshes laden with seaweed by the workers; but woman's flesh before my face, woman's warmth in my nostrils, and woman's whole radiance, her aroma, like the rose flame of fire between halfjoined fingers.

And as salt is in the wheat, the sea in you in its essence, the thing in you which was of the sea, has given you that taste of a happy woman to whom I come. . . . And your face is upturned, your mouth is fruit to be consumed, in the hull of the bark, in the night. Free my breath on your throat, and from everywhere the rising of seas of desire, as in the full tides of the closest moon, when the female land opens to the salacious, supple sea, adorned with bubbles even in its ponds, its maremmas, and the sea high in the grass makes the sound of a noria, the night bursts with sea-hatchings. . . .

O my love who tastes of the sea, may others graze their eclogues far from the sea, in the depth of the sealed valleys—mint, melissa, and melilot, warmth of alyssum and marjoram—and there one talks of bee-keeping, another deals with lambing, and the felt-padded ewe kisses the earth at the foot of the walls dusted with black pollen. When the peaches are set, and the ties for the vine are sorted, then have I cut the knot of hemp which holds the hull on the ways, in its cradle of wood. And my love is on the seas! and my burning is on the seas! . . .

Narrow are the vessels, narrow the alliance; and narrower still your measure, O faithful body of the beloved. . . . And what is this body itself, save image and form of the ship? nacelle and hull, and votive vessel, even to its median opening; formed in the shape of a hull, and fashioned on its curves, bending the double arch of ivory to the will of sea-born curves. . . . The builders of hulls, in all ages, have had this way of binding the keel to the set of frames and planking.

Vaisseau, mon beau vaisseau, qui cède sur ses couples et porte la charge d'une nuit d'homme, tu m'es vaisseau qui porte roses. Tu romps sur l'eau chaîne d'offrandes. Et nous voici, contre la mort, sur les chemins d'acanthes noires de la mer écarlate. . . . Immense l'aube appelée mer, immense l'étendue des eaux, et sur la terre faite songe à nos confins violets, toute la houle au loin qui lève et se couronne d'hyacinthes comme un peuple d'amants!

Il n'est d'usurpation plus haute qu'au vaisseau de l'amour.»

## 3

. . . Innombrable l'image, et le mètre, prodigue. Mais l'heure vient aussi de ramener le Chœur au circuit de la strophe.

Gratitude du Chœur au pas de l'Ode souveraine. Et la récitation reprise en l'honneur de la Mer.

Le Récitant fait face encore à l'étendue des Eaux. Il voit, immensément, la Mer aux mille fronces

Comme la tunique infiniment plissée du dieu aux mains des filles de sanctuaires,

Ou, sur les pentes d'herbe pauvre, aux mains des filles de pêcheurs, l'ample filet de mer de la communauté.

Et maille à maille se répète l'immense trame prosodique—la Mer elle-même, sur sa page, comme un récitatif sacré:

❖

«. . . Mer de Baal, Mer de Mammon, Mer de tout âge et de tout nom; ô Mer d'ailleurs et de toujours, ô Mer promesse du plus long jour, et Celle qui passe toute promesse, étant promesse d'Étrangère; Mer innombrable du récit, ô Mer prolixité sans nom!

En toi mouvante, nous mouvant, nous te disons Mer innommable: muable et meuble dans ses mues, immuable et même dans sa masse; diversité dans le principe et parité de l'Être, véracité dans le mensonge et trahison dans le message; toute présence et tout absence, toute patience et tout refus—absence, présence; ordre et démence—licence! . . .

Vessel, my fine vessel, that yields on its timbers, and bears the burden of a man's night, you are to me a vessel bearing roses. You break the chain of offerings on the water. And here we are, against death, on the black acanthus paths of the scarlet sea. . . . Immense is the dawn called sea, immense the expanse of the waters, and on the earth turned to dream, on our purple confines, all the distant swell that rises and crowns itself with hyacinths like a people of lovers!

There is no higher usurpation than in the vessel of love."

### 3

. . . Prolific the image, and the meter, prodigal. But the hour comes also to lead back the Chorus into the circuit of the strophe.

Gratitude of the Chorus, in the rhythm of the lofty Ode. And the recitation resumed in honor of the Sea,

The Reciter again faces the expanse of the Waters. He sees, in its immensity, the Sea of a thousand creases,

Like the infinitely pleated tunic of the god in the hands of women of the sanctuary,

Or, on the slopes of poor grass, in the hands of daughters of fishermen, the ample sea net of the community.

And mesh to mesh is repeated the immense web of poetry—the Sea itself, on its page, like a sacred recitative:

". . . Sea of Baal, Sea of Mammon, Sea of every age and every name; O Sea of otherwhere and of all time, O Sea promise of the longest day, and She who passes all promise, being the promise of a Stranger; endless Sea of the recitation, O Sea nameless prolixity!

In you, moving, we move, and we pronounce you the unnamable Sea: mutable and movable in her moltings, immutable and immovable in her mass; diversity in the principle and parity of Being, truth in the lie and betrayal in the message; all presence and all absence, all patience and all refusal—absence, presense; order and madness—license! . . .

Ô Mer fulguration durable, face frappée du singulier éclat! Miroir offert à l'Outre-songe et Mer ouverte à l'Outre-mer, comme la Cymbale impaire au loin appariée! Blessure ouverte au flanc terrestre pour l'intrusion sacrée, déchirement de notre nuit et resplendissement de l'autre —pierre du seuil lavée d'amour et lieu terrible de la désécration!

(Imminence, ô péril! et l'embrasement au loin porté comme aux déserts de l'nsoumission; et la passion au loin portée comme aux épouses inappelées d'un autre lit . . . Contrée des Grands, heure des Grands—la pénultième, et puis l'ultime, et celle même que voici, infiniment durable sous l'éclair!)

Ô multiple et contraire! ô Mer plénière de l'alliance et de la mésentente! toi la mesure et toi la démesure, toi la violence et toi la mansuétude; la pureté dans l'impureté et dans l'obscénité—anarchique et légale, illicite et complice, démence! . . . et quelle et quelle, et quelle encore, imprévisible?

L'incorporelle et très-réelle, imprescriptible; l'irrécusable et l'indéniable et l'inappropriable; inhabitable, fréquentable; immémoriale et mémorable—et quelle et quelle, et quelle encore, inqualifiable? L'insaisissable et l'incessible, l'irréprochable irréprouvable, et celle encore que voici: Mer innocence du Solstice, ô Mer comme le vin des Rois! . . .

Ah! Celle toujours qui nous fut là et qui toujours nous sera là, honorée de la rive et de sa révérence: conciliatrice et médiatrice, institutrice de nos lois—Mer du mécène et du mendiant, de l'émissaire et du marchand. Et Celle encore que l'on sait: assistée de nos greffes, assise entre nos prêtres et nos juges qui donnent leurs règles en distiques—et Celle encore qu'interrogent les fondateurs de ligues maritimes, les grands fédérateurs de peuples pacifiques et conducteurs de jeunes hommes vers leurs épouses d'autres rives,

Celle-là même que voient en songe les garnisaires aux frontières, et les sculpteurs d'insignes sur les bornes d'empire; les entrepositaires de marchandises aux portes du désert et pourvoyeurs de numéraire en monnaie de coquilles; le régicide en fuite dans les sables et l'extradé qu'on reconduit sur les routes de neige; et les gardiens d'esclaves dans

O Sea, lasting figuration, face struck by the singular radiance! Mirror offered to the Outer-dream, and Sea opened to the Outer-sea, like the unpaired Cymbal in the distance paired! Wound opened in the terrestrial side for the sacred intrusion, rending of our night and resplendence of the other—threshold stone washed with love and terrible place of desecration!

(Imminence, O peril! conflagration borne afar as into the deserts of insubmission; and passion borne afar as towards the unsought spouses of another bed . . . Country of the Great, hour of the Great—the next to last, and then the last, and this one here, infinitely durable under the flash!)

O multiple and contrary! O plenary Sea of alliance and of discord! You measure and you beyond measure, you violence and you mansuetude; purity in impurity and in obscenity—anarchic and legal, illicit and allied, madness! . . . and what, O what, O what else, unforeseeable?

The incorporeal and very real, imprescriptible; the irrecusable and undeniable and unappropriable; uninhabitable, frequentable; immemorial and memorable—and what, O what, O what else, unqualifiable? The unseizable and inalienable, the irreproachable irreprovable and also this one here: Sea innocence of the Solstice, O Sea like the wine of Kings! . . .

Ah! She who for us was always there and for us will always be there, honored by the shore and on the shore revered: conciliatrix and mediatrix, instructress of our laws—Sea of the Maecenas and the beggar, of the emissary and the merchant. And She also whom we know well: assisted by our court offices, seated between our priests and our judges who give their rules in distichs—and She also, who is questioned by the founders of maritime leagues, the great federators of pacific peoples and conductors of young men towards their brides of other shores,

The very Sea which is seen in their dreams by the men in garrison on the frontiers, and the sculptors of signs on the Empire boundary stones; the bonders of merchandise at the gates of the desert and purveyors of currency in shell money; the regicide in flight on the sands and the extradited man who is led back along the snow roads; and the

les mines adossés à leurs dogues, les chevriers roulés dans leurs haillons de cuir et le bouvier porteur de sel parmi ses bêtes orientées; ceux qui s'en vont à la glandée parmi les chênes prophétiques, ceux-là qui vivent en forêt pour les travaux de boissellerie, et les chercheurs de bois coudé pour construction d'étraves; les grands aveugles à nos portes au temps venu des feuilles mortes, et les potiers qui peignent, dans les cours, les vagues en boucles noires sur l'argile des coupes, les assembleurs de voiles pour les temples et les tailleurs de toiles maritimes sous le rempart des villes; et vous aussi, derrière vos portes de bronze, commentateurs nocturnes des plus vieux textes de ce monde, et l'annaliste, sous sa lampe, prêtant l'oreille à la rumeur lointaine des peuples et de leurs langues immortelles, comme l'Aboyeur des morts au bord des fosses funéraires; les voyageurs en pays haut nantis de lettres officielles, ceux qui cheminent en litière parmi la houle des moissons ou les forêts pavées de pierre du Roi dément; et les porteurs de perle rouge dans la nuit, errant avec l'Octobre sur les grandes voies retentissantes de l'histoire des armes; les capitaines à la chaîne parmi la foule du triomphe, les magistrats élus aux soirs d'émeute sur les bornes et les tribuns haussés sur les grandes places méridiennes; l'amante au torse de l'amant comme à l'autel des naufragés, et le héros qu'enchaîne au loin le lit de Magicienne, et l'étranger parmi nos roses qu'endort un bruit de mer dans le jardin d'abeilles de l'hôtesse—et c'est midi—brise légère—le philosophe sommeille dans son vaisseau d'argile, le juge sur son entablement de pierre à figure de proue, et les pontifes sur leur siège en forme de nacelle. . . .»

## DÉDICACE

Midi, ses fauves, ses famines, et l'An de mer à son plus haut sur la table des Eaux . . .
—Quelles filles noires et sanglantes vont sur les sables violents longeant l'effacement des choses?
Midi, son peuple, ses lois fortes . . . L'oiseau plus vaste sur son erre voit l'homme libre de son ombre, à la limite de son bien.
Mais notre front n'est point sans or. Et victorieuses encore de la nuit sont nos montures écarlates.

keepers of slaves in mines resting against their watchdogs, the goatherds rolled in their leather rags and the cowherd carrier of salt among his circling beasts; the ones who go to harvest acorns under the prophetic oaks, those who live in the forests for cooperage work, and the seekers after kneed wood for the building of ships' stems; tall blind men at our gates in the season of dry leaves, and the potters, in the courtyards, who paint the waves in black curls on the clay of cups, the assemblers of veils for temples and the cutters of sea-canvas under the ramparts of cities; and you also, behind your bronze doors, nocturnal commentators of the oldest texts in the world, and the annalist, under his lamp, giving ear to the distant rumor of peoples and their immortal tongues, like the Barker of the dead on the edge of funeral ditches: travellers to a high country provided with official letters, those who travel in a litter among the rolling waves of the harvests or the stone-paved forests of the mad King; and the bearers of a red pearl in the night, who wander with October on the great high roads resounding with history of arms; captains in chains amidst the crowd of the Triumph, magistrates elected on street corners in the evenings of riots and mob-leaders raised over the great squares at high noon; the heroine embracing the lover's torso as the altar of the shipwrecked, and the hero chained far away by the bed of the Sorceress, and the stranger among our roses who is put to sleep by the sea sound in the bee garden of the hostess—and it is noon—a light wind—the philosopher dozing in his vessel of clay, the judge on his stone entablature formed like a prow, and the pontiffs on their boat-shaped seats. . . ."

## DEDICATION

Noon, its red lions, its famines, and the Sea Year at its highest over the table of the Waters . . .

—What black and bloodstained girls go over the violent sands, passing by the effacement of things?

Noon, its people, its strong laws . . .The bird, vast as its circle, sees man free of his shadow, at the limit of his weal.

But our brow is not without gold. And our scarlet steeds are still victorious over the night.

Ainsi les Cavaliers en armes, à bout de Continents, font au bord des falaises le tour des péninsules.

—Midi, ses forges, son grand ordre . . . Les promontoires ailés s'ouvrent au loin leur voie d'écume bleuissante.

Les temples brillent de tout leur sel. Les dieux s'éveillent dans le quartz.

Et l'homme de vigie, là-haut, parmi ses ocres, ses craies fauves, sonne midi le rouge dans sa corne de fer.


Midi, sa foudre, ses présages; Midi, ses fauves au forum, et son cri de pygargue sur les rades désertes! . . .

—Nous qui mourrons peut-être un jour disons l'homme immortel au foyer de l'instant.

L'Usurpateur se lève sur sa chaise d'ivoire. L'amant se lave de ses nuits.

Et l'homme au masque d'or se dévêt de son or en l'honneur de la Mer.

Thus the Horsemen in arms, on the cliffs, at Continents' end, make the round of peninsulas.

—Noon, its forges, its great order . . . The winged headlands in the distance open up their routes of blue-white foam.

The temples shine with all their salt. The gods awaken in the quartz.

And the man on watch, high above, amidst his ocher clays and fawn-colored chalks, sounds red noon on his iron horn.

Noon, its lightning-bolt, its omens; Noon, its red lions in the forum, and its cry of a sea eagle over the deserted roadsteads! . . .

—We who perhaps one day shall die, proclaim man as immortal at the flaming heart of the instant.

The Usurper rises from his ivory chair. The lover washes himself of his nights.

And the man with the golden mask divests himself of his gold in honor of the Sea.

WALLACE FOWLIE

# Chronique

## 3

"Grand âge, nous venons de toutes rives de la terre. Notre race est antique, notre face est sans nom. Et le temps en sait long sur tous les hommes que nous fûmes.

Nous avons marché seuls sur les routes lointaines; et les mers nous portaient qui nous furent étrangères. Nous avons connu l'ombre et son spectre de jade. Nous avons vu le feu dont s'effaraient nos bêtes. Et le ciel tint courroux dans nos vases de fer.

Grand âge, nous voici. Nous n'avions soin de roses ni d'acanthes. Mais la mousson d'Asie fouettait, jusqu'à nos lits de cuir ou de rotin, son lait d'écume et de chaux vive. De très grands fleuves, nés de l'Ouest, filaient à quatre jours en mer leur chyle épais de limon vert.

Et sur la terre de latérite rouge où courent les cantharides vertes, nous entendions un soir tinter les premières gouttes de pluie tiède, parmi l'envol des rolliers bleus d'Afrique et la descente des grands vols du Nord qui font claquer l'ardoise d'un grand Lac.

Ailleurs des cavaliers sans maîtres échangèrent leurs montures à nos tentes de feutre. Nous avons vu passer l'abeille naine du désert. Et les insectes rouges ponctués de noir s'accouplaient sur le sable des Îles. L'hydre antique des nuits n'a point pour nous séché son sang au feu des villes.

Et nous étions peut-être en mer, ce jour d'éclipse et de première défaillance, quand la louve noire du ciel mordit au cœur le vieil astre de nos pères. Et dans l'abîme gris et vert aux senteurs de semence, couleur de l'œil des nouveau-nés, nous nous sommes baignés nus—priant, que tout ce bien nous vînt à mal, et tout ce mal à bien.

❖

# Chronique

## 3

"Great age, we come from all the shores of the earth. Our race is ancient, our face is nameless. And time has long known more than it tells of all the men we were.

We have walked the distant roads alone; and seas have borne us that to us were strangers. We have known the shade and his jade specter. We have seen the fire that cast fear among our beasts. And heaven's wrath forked in our jars of iron.

Great age, behold us. We cherished neither rose nor acanthus. But the monsoon of Asia drove into our beds of rawhide or rattan, lashing its milk of foam and quicklime. Giant rivers, born of the West, carried four days out to sea their heavy chyle of green silt.

And on the earth of red laterite where the green cantharides run, we heard one evening the first drops of warm rain ringing, amid the rising clouds of blue rollers of Africa and the descent of great flights from the North, beating on the slate of a great Lake.

In other lands, horsemen who knew no master have changed their mounts at our tents of felt. We have seen the dwarf bee of the desert passing by. And red insects, dotted black, coupling on the sand of the Islands. The ancient hydra of the nights has not dried its blood for us at the fire of cities.

And we were at sea perhaps, that day of eclipse and first defection, when the black she-wolf of the sky bit to the heart the ancient star of our fathers. And in the gray-green abyss with its odor of semen, color of newborn infants' eyes, we bathed naked—praying that for us all this good come to ill, and all this ill to good.

Prédateurs, certes! nous le fûmes; et de nuls maîtres que nous-mêmes tenant nos lettres de franchise—Tant de sanctuaires éventés et de doctrines mises à nu, comme femmes aux hanches découvertes! Enchères aux quais de corail noir, enseignes brûlées sur toutes rades, et nos cœurs au matin comme rades foraines. . . .

Ô vous qui nous meniez à tout ce vif de l'âme, fortune errante sur les eaux, nous direz-vous un soir sur terre quelle main nous vêt de cette tunique ardente de la fable, et de quels fonds d'abîme nous vint à bien, nous vint à mal, toute cette montée d'aube rougissante, et cette part en nous divine qui fut notre part de ténèbres?

Car maintes fois sommes-nous nés, dans l'étendue sans fin du jour. Et qu'est ce mets, sur toutes tables offert, qui nous fut très suspect en l'absence de l'Hôte? Nous passons, et, de nul engendrés, connaît-on bien l'espèce où nous nous avançons? Que savons-nous de l'homme, notre spectre, sous sa cape de laine et son grand feutre d'étranger?

Ainsi l'on voit au soir, dans les gros bourgs de corne où les ruraux prennent leurs semences—toutes fontaines désertées et toute place de boue sèche marquée du piétinement fourchu—les étrangers sans nom ni face, en longue coiffe rabattue, accoster sous l'auvent, contre le montant de pierre de la porte, les grandes filles de la terre fleurant l'ombre et la nuit comme vaisseaux de vin dans l'ombre.

7

Et ramenant enfin les pans d'une plus vaste bure nous assemblons, de haut, tout ce grand fait terrestre.

Derrière nous, par là-bas, au versant de l'année, toute la terre, à plis droits, et de partout tirée, comme l'ample cape de berger jusqu'au menton nouée . . .

(Nous faudra-t-il—car l'Océan des choses nous assiège—nous en couvrir le front et le visage, comme l'on voit, au plus haut cap, l'homme de grand songe sous l'orage s'enfouir la tête dans un sac pour converser avec son dieu?)

Plunderers, indeed! we were; and carrying letters of marque from no masters but ourselves.—So many sanctuaries laid open to the wind, so many doctrines laid bare, like women whose thighs were uncovered! Crying of auction along quays of black coral, ensigns burned over every harbor, and our hearts at morning like open roadsteads . . .

O you who led us to all this quick of the soul, fortune wandering on the waters, will you tell us one evening on earth what hand arrays us in this burning tunic of fable, and from what abysmal depth, for our good, for our ill, came all that welling of reddening dawn, and that divine part in us that was our part of darkness?

For many times were we born, in the endless reach of day. And what is that repast, offered on every table, that we found so suspect in the absence of the Host? We pass, and, engendered of no one, do we really know towards what species we are advancing? What do we know of man, our specter, under his woollen cape and his stranger's broad hat?

Thus one sees, at evening, in cattle-towns where countrymen buy their seed—all the fountains deserted and on every square dry mud tracked by cloven hooves—those strangers without names or faces, their tall headgear pulled down, stopping under the eaves to accost the big country-girls who lean against door-jambs, smelling of dusk and night like a jar of wine in the shade.

7

And thus, high seated, gathering at last the pieces of a wider fabric, we assemble around us all this great terrestrial fact.

Behind us, down there on the slope of the year, the whole earth in straight folds and from all sides drawn in, like the ample cloak of a shepherd knotted up to the chin . . .

(Must we—for the Ocean of things lays siege to us—cover forehead and face? As on the highest headland, under the storm, the man of a great dream may be seen burying his head in a sack to converse with his god?)

. . . Et par-dessus l'épaule, jusqu'à nous, nous entendons ce ruisselle-
ment en cours de toute la chose hors des eaux.

C'est la terre, de partout, tissant sa laine fauve comme byssus de mer;
et le cheminement, à fond de plaines, de ces grandes ombres bleu de
Mai qui mènent en silence la transhumance du ciel sur terre. . . .

Irréprochable, ô terre, ta chronique, au regard du Censeur! Nous
sommes pâtres du futur, et ce n'est pas assez pour nous de toute l'im-
mense nuit dévonienne pour étayer notre louange. . . . Sommes-nous,
ah, sommes-nous bien?—ou fûmes-nous jamais—dans tout cela?

❖

. . . Et tout cela nous vint à bien, nous vint à mal: la terre mouvante
dans son âge et son très haut langage—plissements en cours et char-
riages, déportements en Ouest et dévoiements sans fin, et sur ses nappes
étagées comme barres d'estuaires et déferlements de mer, l'incessante
avancée de sa lèvre d'argile. . . .

Ô face insigne de la Terre, qu'un cri pour toi se fasse entendre,
dernière venue dans nos louanges! L'amour durcit tes baies sauvages, ô
terre plus crêpelée que le chagrin des Maures! ô mémoire, au cœur
d'homme, du royaume perdu!

Le Ciel en Ouest se vêt comme un Khalife, la terre lave ses vignes au
rouge de bauxite, et l'homme se lave au vin de nuit: le tonnelier devant
son chai, le forgeron devant sa forge, et le roulier penché sur l'auge de
pierre des fontaines.

Honneur aux vasques où nous buvons! Les tanneries sont lieu
d'offrande et les chiens s'ensanglantent aux déchets de boucherie; mais
pour le songe de nos nuits, les démascleurs de chênes ont mis à jour un
ton plus riche et grave, couleur tête de maure.

. . . Ô mémoire, prends souci de tes roses de sel. La grande rose du
soir héberge l'étoile sur son sein comme une cétoine dorée. Hors des
légendes du sommeil ce nantissement de l'homme chargé d'astres!

. . . And over our shoulder, from this summit, we hear the incessant dripping of the whole world new risen out of the waters.

It is the earth, on all sides, weaving its tawny wool like hemp of byssus from the sea; and the procession, on the far plains, of those great May-blue shadows that lead the herds of heaven so silently over the earth. . . .

Irreproachable your chronicle, O earth, to the Censor's eye! We are herdsmen of the future, and all the great Devonian night does not suffice to sustain our praise. . . . Are we, ah, are we?—or were we ever—in all that?

✧

. . . And all that came to us for good, came to us for ill: the earth moving in its age and its lofty idiom—formation of folds and overfolds, displacements towards the West and endless shifting of watercourses, and on tiered layers like sandbars at tide-mouth, like unfurlings of surf, the incessant advance of a lip of clay. . . .

O memorable face of the Earth, let a cry be heard for you, last come in our praises! Love hardened your wild berries, O earth more wrinkled than sorrow of the Moors! O memory, in man's heart, of the lost kingdom!

The Sky to Westward robes itself like a Caliph, the earth bathes its vines in the red of bauxite, and man bathes in the wine of night: the cooper before his casks, the smith before his forge, and the waggoner bent over the stone trough of the fountains.

Honor to the basins where we drink! The tanneries are places of offering and dogs are smeared with blood from the butcher's waste; but for the dream of our nights, the cutters of bark from the cork-tree have bared a richer tone and darker, color of a Moor's head.

. . . O memory, take thought for your roses of salt. The great rose of evening lodges a star on its breast like a golden beetle. Beyond the legends of sleep, this pledge to man under his burden of stars!

Grand âge, vous louez. Les femmes se lèvent dans la plaine et marchent à grands pas au cuivre rouge de l'existence.

La horde des Siècles a passé là!

## 8

.　　.　　.

Voici les lieux que nous laissons. Les fruits du sol sont sous nos murs, les eaux du ciel dans nos citernes, et les grandes meules de porphyre reposent sur le sable.

L'offrande, ô nuit, où la porter? et la louange, la fier? . . . Nous élevons à bout de bras, sur le plat de nos mains, comme couvée d'ailes naissantes, ce cœur enténébré de l'homme où fut l'avide, et fut l'ardent, et tant d'amour irrévélé. . . .

Écoute, ô nuit, dans les préaux déserts et sous les arches solitaires, parmi les ruines saintes et l'émiettement des vieilles termitières, le grand pas souverain de l'âme sans tanière,

Comme aux dalles de bronze où rôderait un fauve.

✧

Grand âge, nous voici. Prenez mesure du cœur d'homme.»

Great age, you form this praise. The women rise on the plain and march with long steps towards the red copper of existence.

This way has passed the horde of Centuries!

## 8

.    .    .

Behold the places we leave. The fruits of the soil are beneath our walls, the waters of the sky in our cisterns, and the great millstones of porphyry rest on the sand.

The offering, O night, where to bring it? and the praise, to whom entrust it? . . . We raise, with arms outstretched, on the flat of our hands, like a hatching of nascent wings, this darkened heart of a man where hunger was, and ardor, and so much love unrevealed. . . .

Listen, O night, in the deserted courtyards and under the solitary arches, amid the holy ruins and the crumbling of old termite hills, hear the great sovereign footfalls of the soul without a lair,

Like a wild beast prowling a pavement of bronze.

✧

Great age, behold us. Take the measure of man's heart."

ROBERT FITZGERALD

# Oiseaux

## 1

L'oiseau, de tous nos consanguins le plus ardent à vivre, mène aux confins du jour un singulier destin. Migrateur, et hanté d'inflation solaire, il voyage de nuit, les jours étant trop courts pour son activité. Par temps de lune grise couleur du gui des Gaules, il peuple de son spectre la prophétie des nuits. Et son cri dans la nuit est cri de l'aube elle-même: cri de guerre sainte à l'arme blanche.

Au fléau de son aile l'immense libration d'une double saison; et sous la courbe du vol, la courbure même de la terre . . . L'alternance est sa loi, l'ambiguïté son règne. Dans l'espace et le temps qu'il couve d'un même vol, son hérésie est celle d'une seule estivation. C'est le scandale aussi du peintre et du poète, assembleurs de saisons aux plus hauts lieux d'intersection.

Ascétisme du vol! . . . L'oiseau, de tous nos commensaux le plus avide d'être, est celui-là qui, pour nourrir sa passion, porte secrète en lui la plus haute fièvre du sang. Sa grâce est dans la combustion. Rien là de symbolique: simple fait biologique. Et si légère pour nous est la matière oiseau, qu'elle semble, à contre-feu du jour, portée jusqu'à l'incandescence. Un homme en mer, flairant midi, lève la tête à cet esclandre: une mouette blanche ouverte sur le ciel, comme une main de femme contre la flamme d'une lampe, élève dans le jour la rose transparence d'une blancheur d'hostie. . . .

Aile falquée du songe, vous nous retrouverez ce soir sur d'autres rives!

## 4

De ceux qui fréquentent l'altitude, prédateurs ou pêcheurs, l'oiseau de grande seigneurie, pour mieux fondre sur sa proie, passe en un laps de temps de l'extrême presbytie à l'extrême myopie: une musculature très fine de l'œil y pourvoit, qui commande en deux sens la courbure même

# Birds

## 1

The bird, most ardent for life of all our blood kin, lives out a singular destiny on the frontier of day. As a migrant whom the sun's inflation haunts, he journeys by night because the days are too short for him. In times of gray moon, gray as mistletoe of the Gauls, he peoples with his ghost the prophecy of the nights. And his cry in the night is a cry of dawn itself: a cry of holy war and naked steel.

On the cross-beam of his wing is the vast balancing of a double season, and under the curve of his flight the very curvature of the earth . . . Alternation is his law, ambiguity his reign. In the space and time that he broods over in one flight, a single summering is heresy. It is likewise the scandal of painter and poet, who bring seasons together at that height where all intersect.

Austerity of flight! . . . Most avid for existence of all who share our table, the bird is he who bears hidden in himself, to nourish his passion, the highest fever of the blood. His grace is in that burning. Nothing symbolic about this: it is a simple biological fact. And so light in our view is the stuff of birds, that against the fire of day it seems to reach incandescence. A man at sea, feeling noon in the air, lifts his head at this wonder: a white gull opened on the sky, like a woman's hand before the flame of a lamp, elevating in daylight the pink translucence of a host, a wafer's whiteness. . . .

Sickle-shaped wing of dream, you will find us again this evening on other shores!

## 4

Of those who haunt the higher air as hunters or fishers, the bird of wide dominion, diving on his prey, passes in a swift lapse of time from extreme far-sightedness to extreme myopia: a very fine muscular structure in the eye provides for this by controlling the convexity of the

du cristallin. Et l'aile haute alors, comme d'une Victoire ailée qui se consume sur elle-même, emmêlant à sa flamme la double image de la voile et du glaive, l'oiseau, qui n'est plus qu'âme et déchirement d'âme, descend, dans une vibration de faux, se confondre à l'objet de sa prise.

La fulguration du peintre, ravisseur et ravi, n'est pas moins verticale à son premier assaut, avant qu'il n'établisse, de plain-pied, et comme latéralement, ou mieux circulairement, son insistante et longue sollicitation. Vivre en intelligence avec son hôte devient alors sa chance et sa rétribution. Conjuration du peintre et de l'oiseau . . .

L'oiseau, hors de sa migration, précipité sur la pierre du peintre, a commencé de vivre le cycle de ses mutations. Il habite la métamorphose. Suite sérielle et dialectique. C'est une succession d'épreuves et d'états, en voie toujours de progression vers une confession plénière, d'où monte enfin, dans la clarté, la nudité d'une évidence et le mystère d'une identité: unité recouvrée sous la diversité.

## 9

D'une parcelle à l'autre du temps partiel, l'oiseau, créateur de son vol, monte aux rampes invisibles et gagne sa hauteur. . . .

De notre profondeur nocturne, comme d'un écubier sa chaîne, il tire à lui, gagnant le large, ce trait sans fin l'homme qui ne cesse d'aggraver son poids. Il tient, de haut, le fil de notre veille. Et pousse un soir ce cri d'ailleurs, qui fait lever on songe la tête du dormeur.

Nous l'avons vu, sur le vélin d'une aube; ou comme il passait, noir—c'est-à-dire blanc—sur le miroir d'une nuit d'automne, avec les oies sauvages des vieux poètes Song, et nous laissait muets dans le bronze des gongs.

À des lieux sans relais il tend de tout son être. Il est notre émissaire et notre initiateur. «Maître du Songe, dis-nous le songe! . . .»

lens. At such a moment, with wings high like a winged Victory consuming herself in her own plunge, mingling in her flame the double image of sail and sword, the bird that is now nothing but soul and soul's laceration falls, vibrating like a scythe, to fuse with the object of its seizure.

The lightning "strike" of the painter, ravisher and ravished, is not less vertical at his first assault, before he can establish on one level, and laterally as it were, or in circular movement, his insistent and long importunity. Living on good terms with his guest then becomes his luck and his reward. A conspiracy between painter and bird . . .

Removed from his migratory life, cast down on the stone of the painter, the bird has begun to live the cycle of his mutations. He lives in metamorphosis, a serial and dialectical becoming. It is a succession of trials and states always proceeding towards full confession, and from it arises at last in the light the nakedness of an evident thing and the mystery of an identity: unity recovered under what seemed diverse.

## 9

From one part of ever partial time to another, creating his own flight, the bird mounts an invisible ramp and gains his altitude. . . .

Out of our nocturnal depth, like a cable from a hawsehole, he pulls after him as he reaches the open sky this endless filament of man which never ceases adding to his weight. From on high he holds the thread of our vigil. And one evening he utters that cry from another world that makes the sleeper lift his head in dream.

We have seen him against the vellum of a dawn; or seen him passing, black—which is to say white—across the mirror of an autumn night, with the wild geese of the old Sung poets, and he left us mute amid the bronze of gongs.

Towards regions beyond any resting place he strains with all his being. He is our emissary, our initiator. "Master of Dream, tell us the dream! . . ."

Mais lui, vêtu de peu de gris ou bien s'en dévêtant, pour nous mieux dire un jour l'inattachement de la couleur—dans tout ce lait de lune grise ou verte et de semence heureuse, dans toute cette clarté de nacre rose ou verte qui est aussi celle du songe, étant celle des pôles et des perles sous la mer—il naviguait avant le songe, et sa réponse est: «Passer outre! . . .»

De tous les animaux qui n'ont cessé d'habiter l'homme comme une arche vivante, l'oiseau, à très longs cris, par son incitation au vol, fut seul à doter l'homme d'une audace nouvelle.

## 10

Gratitude du vol! . . . Ceux-ci en firent leur délice.

Sur toutes mesures du temps loisible, et de l'espace, délectable ils étendent leur loisir et leur délectation: oiseaux du plus long jour et du plus long grief. . . .

Plus qu'ils ne volent, ils viennent à part entière au délice de l'être: oiseaux du plus long jour et du plus long propos, avec leurs fronts de nouveau-nés ou de dauphins des fables. . . .

Ils passent, c'est durer, ou croisent, c'est régner: oiseaux du plus long jour et du plus long désir. . . . L'espace nourricier leur ouvre son épaisseur charnelle, et leur maturité s'éveille au lit même du vent.

Gratitude du vol! . . . Et l'étirement du long désir est tel, et de telle puissance, qu'il leur imprime parfois ce gauchissement de l'aile qu'on voit, au fond des nuits australes, dans l'armature défaillante de la Croix du Sud. . . .

Longue jouissance et long mutisme. . . . Nul sifflement, là-haut, de frondes ni de faux. Ils naviguaient déjà tous feux éteints, quand descendit sur eux la surdité des dieux. . . .

But clothed in scant gray or divested even of that, so as to tell us one day of the inconstancy of color—in all that milk of gray or green moon and of happy seed, in all that radiance of rose or green mother-of-pearl that is also the light of dreams, being that of the poles and of the pearls under sea—he navigated before the dream, and his reply is: "Go on beyond! . . ."

Of all the forms of life that still dwell in man as in a living ark, the bird alone, with his long cries calling to flight, endowed man with a new audacity.

10

Gratitude of flight! . . . These made of it their joy.

Over all reaches of leisurely time and delectable space, they luxuriate in their leisure and delectation: birds of the longest day and the longest grievance. . . .

They more than fly, they come wholly to the delight of being: birds of the longest day and the longest resolve, with brows like new-born infants or the dolphins in old fables. . . .

They fly past, and so endure, or soar, and so reign: birds of the longest day and the longest desire. . . . Nourishing space opens to them its carnal depth, and their maturity awakens in the very bed of the wind.

Gratitude of flight! . . . And the stretch of long desire is such, and of such power, as to impart to them at times that warping of the wing that one may see, deep in austral nights, in the failing armature of the Southern Cross. . . .

Long luxuriance and long muteness . . . No whistling of slings or scythes up there. They were already sailing with all lights out, when the deafness of the gods descended on them. . . .

Et qui donc sut jamais si, sous la triple paupière aux teintes ardoisées, l'ivresse ou l'affre du plaisir leur tenait l'œil mi-clos? Effusion faite permanence, et l'immersion, totale. . . .

À mi-hauteur entre ciel et mer, entre un amont et un aval d'éternité, se frayant route d'éternité, ils sont nos médiateurs, et tendent de tout l'être à l'étendue de l'être. . . .

Leur ligne de vol est latitude, à l'image du temps comme nous l'accommodons. Ils nous passent toujours par le travers du songe, comme locustes devant la face. . . . Ils suivent à longueur de temps leurs pistes sans ombrage, et se couvrent de l'aile, dans midi, comme du souci des rois et des prophètes.

And who ever knew whether drunkenness or the spasm of pleasure kept their eyes half closed, under those triple eyelids tinted slate gray? An effusion become a permanence, and the immersion a total one. . . .

At mid-height between sky and sea, between the upper and lower waters of eternity, clearing the way of eternity, they are mediators for us and strive with all their being to the utmost of being. . . .

Their line of flight makes latitude, in the image of time as we arrange it. They are always passing across our dream, like locusts before our eyes. . . . Through endless time they follow their shadowless tracks, and at the height of noon they hide in the shade of their wings, as kings and prophets shield their grieving hearts.

ROBERT FITZGERALD

# Sécheresse

Quand la sécheresse sur la terre aura tendu sa peau d'ânesse et cimenté l'argile blanche aux abords de la source, le sel rose des salines annoncera les rouges fins d'empires, et la femelle grise du taon, spectre aux yeux de phosphore, se jettera en nymphomane sur les hommes dévêtus plages. . . . Fange écarlate du langage, assez de ton infatuation!

Quand la sécheresse sur la terre aura pris ses assises, nous connaîtrons un temps meilleur aux affrontements de l'homme: temps d'allégresse et d'insolence pour les grandes offensives de l'esprit. La terre a dépouillé ses graisses et nous lègue sa concision. À nous de prendre le relais! Recours à l'homme et libre course!

Sécheresse, ô faveur! honneur et luxe d'une élite! dis-nous le choix de tes élus. . . . Sistre de Dieu, sois-nous complice. La chair ici nous fut plus près de l'os: chair de locuste ou d'exocet! La mer elle-même nous rejette ses navettes d'os de seiche et ses rubans d'algues flétries: éclipse et manque en toute chair, ô temps venu des grandes hérésies!

Quand la sécheresse sur la terre aura tendu son arc, nous en serons la corde brève et la vibration lointaine. Sécheresse, notre appel et notre abréviation . . . «Et moi, dit l'Appelé, j'ai pris mes armes entre les mains: torches levées à tous les antres, et que s'éclaire en moi toute l'aire du possible! Je tiens pour consonance de base ce cri lointain de ma naissance.»

Et la terre émaciée criait son très grand cri de veuve bafouée. Et ce fut un long cri d'usure et de fébrilité. Et ce fut pour nous temps de croître et de créer. . . . Sur la terre insolite aux confins désertiques, où l'éclair vire au noir, l'esprit de Dieu tenait son hâle de clarté, et la terre vénéneuse s'enfiévrait comme un massif de corail tropical. . . . N'était-il plus couleur au monde
que ce jaune d'orpiment?

# Drouth

When drouth has spread its muleskin over the earth and cemented white clay around the spring, pink crystals in the salt-beds will announce the red ends of empire, and the female gadfly, a gray ghost with phosphorescent eyes, will cling like a nymphomaniac to men lying naked on the beaches. . . . Scarlet muck of language, enough of your conceit!

When drouth has subjugated the earth, a better day will dawn for the challenges of man: a day of joy and of insolence for the spirit's great campaigns. The earth has put off its fatness and bequeaths us concision. Ours to take up the torch! Man's reign, and free rein!

Drouth, O boon! honor and luxury of an elite! tell us who shall be chosen. . . . God's sistrum, favor us. Here the flesh was closer to the bone: locust-meat, meat of flying fish! The very sea abandons us its sepia shuttles, its ribbons of withered kelp: eclipse and dearth in all flesh, O advent of the great heresies!

When drouth has drawn its bow across the earth, we shall be its taut string and its far vibration. Drouth, our prayer and our abridgement . . . "And I," answers He-who-is-chosen, "I have taken up my weapons, torches raised in every cave, so that within me glows all the glory of what may come to pass! I hear the note struck, the keynote in that far cry of my birth."

And the emaciated earth gave its great cry, the cry of a widow mocked. And this was one long cry of ague and attrition. And this was for us the time to increase and create. . . . To the desert verges of the unfamiliar earth, where the lightning veers to black, God's spirit held all in its bright burning, and the pestilent land grew fevered as a tropical coral reef. . . . Was there no color left in the world
but this arsenic yellow?

«Genévriers de Phénicie», plus crêpelés que têtes de Maures ou de Nubiennes, et vous, grands Ifs incorruptibles, gardiens de places fortes et d'îles cimentées pour prisonniers d'État masqués de fer, serez-vous seuls, tout ce temps-là, à consumer ici le sel noir de la terre? Plantes à griffes et ronciers regagnent les garrigues; le ciste et le nerprun sont pèlerins du maquis. . . . Ah! qu'on nous laisse seulement
ce brin de paille entre les dents!

*    •    •

Éclate, ô sève non sevrée! L'amour fuse de partout, jusque sous l'os et sous la corne. La terre elle-même change d'écorce. Vienne le rut, vienne le brame! et l'homme encore, tout abîme, se penche sans grief sur la nuit de son cœur. Écoute, ô cœur fidèle, ce battement sous terre d'une aile inexorable. . . . Le son s'éveille et sauve l'essaim sonore de sa ruche; et le temps mis en cage nous fait entendre au loin son martèlement d'épeiche. . . . Les oies sauvages s'agrainent-elles aux rives mortes des rizières, et les greniers publics céderont-ils un soir à la poussée des houles populaires? . . . Ô terre du sacre et du prodige— terre prodigue encore à l'homme jusqu'en ses sources sous-marines honorées des Césars, que de merveilles encore montent vers nous de l'abîme de tes nuits! Ainsi par temps de couvaison d'orage—le savions-nous vraiment?—les petites pieuvres de grand fond remontent avec la nuit vers la face tuméfiée des eaux. . . .

*    •    •

Oui, tout cela sera. Oui, les temps reviendront, qui lèvent l'interdit sur la face de la terre. Mais pour un temps encore c'est l'anathème, et l'heure encore est au blasphème: la terre sous bandelettes, la source sous scellés. . . . Arrête, ô songe, d'enseigner, et toi, mémoire, d'engendrer.

Avides et mordantes soient nos heures nouvelles! et perdues aussi bien soient-elles au champ de la mémoire, où nulle jamais ne fit office de glaneuse. Brève la vie, brève la course, et la mort nous rançonne! L'offrande au temps n'est plus la même. Ô temps de Dieu, sois-nous comptable.

Junipers of Phoenicia, matted closer than the hair of Nubian women or of Moors, and you, great incorruptible Yews, guardians of citadels and of fortified islands for prisoners of state in iron masks, is it only you in all this time who consume the black salt of the earth? Thorns and briars repossess the scrub; rockrose and buckthorn are pilgrims of the maquis. . . . Ah! leave us this only,

this wisp of straw between our teeth!

●     ●     ●

Let the sap, unweaned, burst from the stem! Love spreads everywhere and runs even beneath the bone, beneath the horn. Earth itself changes crust. Let the rutting season come, the season of troating stags! and man too, everywhere abyss, leans unresentful over the darkness of his own heart. Listen, O loyal heart, listen to that underground beating of an inexorable wing. . . . The sound rises and saves the murmuring swarm from its hive; and it is the caged season we hear, hammering like a woodpecker. . . . Do the wild geese scatter on the dead shores of the ricefields, and will the public granaries yield one evening to the pressure of the swelling crowds? . . . O earth of rite and prodigy—earth prodigal to man, prodigal down to its underwater springs honored by Caesars, what wonders rise to us still from the abyss of your nights! Thus, when the storm gathers—in truth, did we know this?—the tiny squids of the deep rise with the darkness to the swollen face of the waters. . . .

●     ●     ●

Yes, all that will come to pass. Yes, the seasons will return which raise the ban upon the face of the earth. But for a time still, there is anathema, and the hour is still the hour of blasphemy: the earth in cerements, the springs sealed. . . . No more hope, teach no more, and you, memory, beget no more.

Eager and mordant be our new hours! and may they also be lost in memory's field, where none ever did gleaner's work. Short the life, and short the race, and death is our ransom! The offering to time is no longer the same. O time of God, be accounted unto us.

Nos actes nous devancent, et l'effronterie nous mène: dieux et faquins sous même étrille, emmêlés à jamais à la même famille. Et nos voies sont communes, et nos goûts sont les mêmes—ah! tout ce feu d'une âme sans arôme qui porte l'homme à son plus vif: au plus lucide, au plus bref de lui-même!

Agressions de l'esprit, pirateries du cœur—ô temps venu de grande convoitise. Nulle oraison sur terre n'égale notre soif; nulle affluence en nous n'étanche la source du désir. La sécheresse nous incite et la soif nous aiguise. Nos actes sont partiels, nos œuvres parcellaires! Ô temps de Dieu, nous seras-tu enfin complice?

Dieu s'use contre l'homme, l'homme s'use contre Dieu. Et les mots au langage refusent leur tribut: mots sans office et sans alliance, et qui dévorent, à même, la feuille vaste du langage comme feuille verte de mûrier, avec une voracité d'insectes, de chenilles. . . . Sécheresse, ô faveur, dis-nous le choix de tes élus.

Vous qui parlez l'ossète sur quelque pente caucasienne, par temps de grande sécheresse et d'effritement rocheux, savez combien proche du sol, au fil de l'herbe et de la brise, se fait sentir à l'homme l'haleine du divin. Sécheresse, ô faveur! Midi l'aveugle nous éclaire: fascination au sol du signe et de l'objet.

❖

Quand la sécheresse sur la terre aura desserré son étreinte, nous retiendrons de ses méfaits les dons les plus précieux: maigreur et soif et faveur d'être. «Et moi, dit l'Appelé, je m'enfiévrais de cette fièvre. Et l'avanie du ciel fut notre chance.» Sécheresse, ô passion! délice et fête d'une élite.

Et nous voici maintenant sur les routes d'exode. La terre au loin brûle ses aromates. La chair grésille jusqu'à l'os. Des contrées derrière nous s'éteignent en plein feu du jour. Et la terre mise à nu montre ses clavicules jaunes gravées de signes inconnus. Où furent les seigles, le sorgho, fume l'argile blanche, couleur de fèces torréfiées.

Our acts precede us, and effrontery leads us: gods and knaves under the same hand, curried with the same comb, tangled forever in the one family. And our ways are shared, and our cravings the same—ah! all this fire of a savorless soul that sharpens a man so: to the clearest, to the merest of himself!

Aggressions of the mind, piracies of the heart—now is the season of lust hard upon us. No prayer on earth is equal to our thirst; no affluence within us stanches the source of desire. Drouth incites us, and thirst sharpens us. Our acts are partial, our works fragmentary! O time of God, will you at last be on our side?

God frays against man, man against God. And the words deny their tribute to the language: words without function, without agreement, devouring the huge leaf of language even as the green mulberry leaf, with the voracity of insects, of caterpillars. . . . Drouth, O boon, tell us who shall be chosen.

You speakers of Ossetic on some Caucasian slope, in a season of great drouth and crumbling of rocks, you know how close to the ground, hard upon the grass and hard upon the wind, man's ear may hear the breath of the divine. Drouth, O boon! Blind noon enlightens us: fascination upon earth of the sign and of the object.

When drouth has released the land from its embrace, we shall keep, among its damages, the most precious gifts of all: emaciation and thirst and the boon of being. "And I," answers He-who-is-chosen, "I shall burn with that fever. And the sky's affront was our chance." Drouth, O passion! delight and feast of an elite.

And now we are on the roads of exodus. Earth in the distance burns its spices. Flesh in that flame shrivels to the bone. Lands behind us die out in broad daylight. And earth, laid bare, shows its yellow clavicles incised with unknown signs. Where the rye harvests were, and the sorghum crop, smokes the white clay, color of scorched dung.

Les chiens descendent avec nous les pistes mensongères. Et Midi l'Aboyeur cherche ses morts dans les tranchées comblées d'insectes migrateurs. Mais nos routes sont ailleurs, nos heures démentielles, et, rongés de lucidité ivres d'intempérie, voici, nous avançons un soir en terre de Dieu comme un peuple d'affames qui a dévoré ses semences. . . .

Transgression! transgression! Tranchante notre marche, impudente notre quête. Et devant nous lèvent d'elles-mêmes nos œuvres à venir, plus incisives et brèves, et comme corrosives.

De l'aigre et de l'acerbe nous connaissons les lois. Plus que denrées d'Afrique ou qu'épices latines, nos mets abondent en acides, et nos sources sont furtives.

Ô temps de Dieu, sois-nous propice. Et d'une brûlure d'ail naîtra peut-être un soir l'étincelle du génie. Où courait-elle hier, où courait-elle hier, où courra-t-elle demain?

Nous serons là, et des plus prompts, pour en cerner sur terre l'amorce fulgurante. L'aventure est immense et nous y pourvoirons. C'est là ce soir le fait de l'homme.

Par les sept os soudés du front et de la face, que l'homme en Dieu s'entête et s'use jusqu'à l'os, ah! jusqu'à l'éclatement de l'os! . . . Songe de Dieu sois-nous complice. . . .

*«Singe de Dieu, trêve à tes ruses!»*

The dogs come with us down the false trails. And barking Noon seeks out its dead in the ditches clogged with migratory insects. But our roads are elsewhere, our hours distracted, and, obsessed by lucidity, drunk with foul weather, we advance one evening into God's land like a starving tribe that has devoured the very corn it would sow with. . . .

Transgression! Transgression! Forced, our march; impudent, our quest. And before us rise of themselves our works to come, more incisive and abrupt, and as though they had the power to corrode.

Of the bitter and the harsh we know the laws. More than the grains of Africa, than even Mediterranean spices, our dishes teem with acids, and our springs are furtive.

O time of God, favor us. And from a scald of garlic may be born, some evening, the spark of genius. Where did it run yesterday, where will it run tomorrow?

We shall be there, and most swift, to encircle on earth its blazing birth. Vast is the venture, and we shall attend to it. There tonight is man's task.

By the seven knit bones of the forehead and the face, let man persist in God and wear himself down to the bone, ah! to the splintering of the bone! . . . Hope of God, favor us. . . .

✧

*"Ape of God, have done with your deceit!"*

RICHARD HOWARD

# Nocturne

Les voici mûrs, ces fruits d'un ombrageux destin. De notre songe issus, de notre sang nourris, et qui hantaient la pourpre de nos nuits, ils sont les fruits du long souci, ils sont les fruits du long désir, ils furent nos plus secrets complices et, souvent proches de l'aveu, nous tiraient à leurs fins hors de l'abîme de nos nuits. . . . Au feu du jour toute faveur! les voici mûrs et sous la pourpre, ces fruits d'un impérieux destin.—Nous n'y trouvons point notre gré.

Soleil de l'être, trahison! Où fut la fraude, où fut l'offense? où fut la faute et fut la tare, et l'erreur quelle est-elle? Reprendrons-nous le thème à sa naissance? revivrons-nous la fièvre et le tourment? . . . Majesté de la rose, nous ne sommes point de tes fervents: à plus amer va notre sang, à plus sévère vont nos soins, nos routes sont peu sûres, et la nuit est profonde où s'arrachent nos dieux. Roses canines et ronces noires peuplent pour nous les rives du naufrage.

Les voici mûrissants, ces fruits d'une autre rive. «Soleil de l'être, couvre-moi!»—parole du transfuge. Et ceux qui l'auront vu passer diront: qui fut cet homme, et quelle, sa demeure? Allait-il seul au feu du jour montrer la pourpre de ses nuits? . . . Soleil de l'être, Prince et Maître! nos œuvres sont éparses, nos tâches sans honneur et nos blés sans moisson: la lieuse de gerbes attend au bas du soir.—Les voici teints de notre sang, ces fruits d'un orageux destin.

À son pas de lieuse de gerbes s'en va la vie sans haine ni rançon.

# Nocturne

Now! they are ripe, these fruits of a jealous fate. From our dream grown, on our blood fed, and haunting the purple of our nights, they are the fruits of long concern, they are the fruits of long desire, they were our most secret accomplices and, often verging upon avowal, drew us to their ends out of the abyss of our nights. . . . Praise to the first dawn, now they are ripe and beneath the purple, these fruits of an imperious fate.—We do not find our liking here.

Sun of being, betrayal! Where was the fraud, where was the offense? where was the fault and where the flaw, and the error, which is the error? Shall we trace the theme back to its birth? shall we relive the fever and the torment? . . . Majesty of the rose, we are not among your adepts: our blood goes to what is bitterer, our care to what is more severe, our roads are uncertain, and deep is the night out of which our gods are torn. Dog roses and black briars populate for us the shore of shipwreck.

Now they are ripening, these fruits of another shore. "Sun of being, shield me!"—turncoat's words. And those who have seen him pass will say: who was that man, and which his home? Did he go alone at dawn to show the purple of his nights? . . . Sun of being, Prince and Master! our works are scattered, our tasks without honor and our grain without harvest: the binder of sheaves awaits, at the evening's ebb.—Behold, they are dyed with our blood, these fruits of a stormy fate.

At the gait of a binder of sheaves life goes, without hatred or ransom.

RICHARD HOWARD

# New Directions Paperbooks—A Partial Listing

For a complete listing request free catalog from
New Directions, 80 Eighth Avenue, New York 10011                †Bilingual

For a complete listing request free catalog from
New Directions, 80 Eighth Avenue, New York 10011

†**Bilingual**